AF391012

COURS

D'ADMINISTRATION MILITAIRE.

Nota. *Comme on n'aurait pu, sans faire un ouvrage trop volumineux, rapporter les tarifs, devis, etc., et traiter, sous le rapport de l'organisation et du matériel, les différences que présentent entre elles la grosse Cavalerie, la Cavalerie de ligne et la Cavalerie légère, on s'est attaché plus spécialement à faire-ressortir ce qui concerne la* Cavalerie de ligne.

COURS

D'ADMINISTRATION

MILITAIRE

à l'usage de la Cavalerie.

PAR LE MAJOR D—X.

VESOUL.

IMPRIMERIE DE L. SUCHAUX.

JUILLET 1833.

NOTA. *Comme on n'aurait pu , sans faire un ouvrage trop volumineux , rapporter les tarifs , devis , etc., et traiter , sous le rapport de l'organisation et du matériel , les différences que présentent entre elles la grosse Cavalerie, la Cavalerie de ligne et la Cavalerie légère , on s'est attaché plus spécialement à faire-ressortir ce qui concerne la* CAVALERIE DE LIGNE.

COURS

D'ADMINISTRATION

MILITAIRE

à l'usage de la Cavalerie.

PAR LE MAJOR D—X.

VESOUL.

IMPRIMERIE DE L. SUCHAUX.

JUILLET 1833.

COURS

D'ADMINISTRATION MILITAIRE

A L'USAGE DE LA CAVALERIE.

INTRODUCTION.

Avant de traiter la partie administrative et financière des corps, il a paru indispensable de faire ressortir par une notice succincte tout ce qui se rapporte à l'organisation et au recrutement de l'armée, et particulièrement à la cavalerie; de faire connaître les droits de chacun consacrés par les lois sur l'avancement; de présenter les dispositions relatives au classement des officiers, aux retraites, au traitement de réforme, celles concernant la libération; enfin de rapprocher en peu de lignes ce qui concerne les congés d'un an : toutes choses en dehors de la comptabilité proprement dite, mais qui cependant s'y rattachent indirectement.

DU RECRUTEMENT.

L'armée se recrute par des appels et des engagemens volontaires, conformément aux règles prescrites par la loi du 21 mars 1832.

Nul n'est admis à servir dans les troupes françaises s'il n'est Français.

Sont exclus du service militaire, et ne peuvent à aucun titre servir dans l'armée, les individus qui ont été condamnés à une peine correctionnelle de deux ans d'emprisonnement, et qui en outre ont été placés sous la surveillance de la haute police, et interdits des droits civiques.

Des Appels.

Le contingent affecté à l'armée est déterminé chaque année par une loi. Le mode de répartition est fixé par la même loi.

Les jeunes gens compris définitivement dans le contingent peuvent se faire remplacer. Le remplaçant doit être libéré de tout service; être âgé de 20 à 30 ans au plus, ou de 20 à 35 s'il a été militaire, ou de 18 à 30 s'il est frère du remplacé; n'être ni marié, ni veuf avec enfans; n'avoir pas été réformé du service.

Le remplacé est, pour le cas de désertion, responsable de son remplaçant pendant un an, à compter du jour de l'acte passé devant le préfet de son département. Cette responsabilité cesse si le remplaçant meurt sous les drapeaux, ou si, en cas de désertion, il est arrêté pendant l'année.

Immédiatement après la clôture des listes du contingent, les jeunes gens qui s'y trouvent compris ou ceux qui ont été admis à les remplacer, sont immédiatement répartis entre les corps de l'armée, et inscrits sur les registres-matricules des corps pour lesquels ils sont désignés.

Néanmoins ils sont, d'après l'ordre de leurs numéros et les proportions déterminées par les lois annuelles du contingent, divisés en deux classes, composées, la première de ceux qui doivent être mis en activité, et la seconde de ceux qui sont laissés dans leurs foyers. Cette seconde classe ne peut être mise en activité qu'en vertu d'une ordonnance royale.

La durée du service des jeunes soldats appelés est de

7 ans, qui comptent du 1.er janvier de l'année où ils sont inscrits sur les registres-matricules du corps.

Toute substitution, tout remplacement effectué en contravention de la loi, est déféré aux tribunaux, qui prononcent la nullité de l'acte. L'appelé est tenu de rejoindre son corps ou de fournir un remplaçant dans le délai d'un mois, à dater de la notification du jugement. Quiconque a sciemment concouru à la substitution ou au remplacement frauduleux, comme auteur ou complice, est puni d'un emprisonnement de 3 mois à 2 ans.

Des Engagemens.

Il n'est alloué dans les troupes françaises, ni prime en argent, ni prix quelconque d'engagement.

Tout Français est reçu à contracter un engagement, aux conditions suivantes; il doit :

Avoir 18 ans accomplis, et au moins la taille d'un mètre 706 m. (5 p. 3 p. pour les dragons);

Jouir de ses droits civils;

N'être ni marié, ni veuf avec enfans;

Ne pas être âgé de plus de 30 ans révolus.

S'il a moins de 20 ans, justifier du consentement de ses père et mère.

Les Français qui ont déjà servi, sont, jusqu'à 35 ans révolus, reçus à s'engager pour l'arme dont ils ont fait partie.

Tout Français servant comme gagiste, et qui contracte un engagement volontaire, est reçu à compter comme temps de service militaire, le temps qu'il a passé sous les drapeaux depuis l'âge de 18 ans en qualité de gagiste; mais cet engagement ne peut s'effectuer que sur l'autorisation de l'inspecteur-général.

L'engagement volontaire est toujours contracté pour

l'arme à laquelle l'engagé se destine, et non exclusivement pour le corps dans lequel il entre.

Les jeunes gens désignés par le sort pour faire partie du contingent de leur classe, ne sont reçus à s'engager que jusqu'au jour de la clôture de la liste du contingent de leur canton.

L'ordonnance du 28 avril 1831 détermine les formalités à remplir et les pièces à produire par les Français qui veulent contracter des engagemens.

L'engagement doit être contracté devant le maire d'un chef-lieu de canton; tout autre maire n'a pas le droit de le recevoir.

La durée de l'engagement est fixée à 7 ans en temps de paix.

En temps de guerre, tout Français qui n'appartient à aucun contingent, et qui a satisfait à la loi de recrutement, est admis à contracter un engagement volontaire de 2 ans.

Dans aucun cas, un engagé volontaire ne peut être envoyé en congé sans son consentement.

Tout engagé volontaire qui prétend que l'acte qui le lie au service militaire, est illégal ou irrégulier, doit adresser sa réclamation au lieutenant-général commandant la division. Le lieutenant-général transmet la demande au ministre de la guerre, qui statue s'il y a lieu, ou renvoie la contestation devant les tribunaux.

L'engagé volontaire impropre à l'arme, ne peut être envoyé dans une autre arme qu'autant qu'il y consent, ce qui est constaté par la déclaration qu'il en fait devant le sous-intendant militaire, et qu'il signe au dos de son engagement; mais si l'engagé fait partie du contingent de sa classe, et si son numéro a été appelé, il rentre alors dans la catégorie des militaires appelés au service.

Des Rengagemens.

LES rengagemens sont contractés pour 2, 3, 4 ou 5 ans.

Le militaire doit être dans sa dernière année de service.

Il doit être encore en état de faire un bon service.

Il ne doit pas avoir 5o ans d'âge ou 3o ans de service accomplis.

Sa demande doit parvenir hiérarchiquement au colonel; ou, s'il veut se rengager pour un autre corps, il doit l'adresser au chef de ce corps.

Si sa demande est accueillie, il lui est délivré une attestation portant :

1.° Qu'il réunit les qualités requises pour faire un bon service;

2.° Qu'il a toujours tenu une bonne conduite;

3.° Qu'il peut rester ou être admis dans le corps pour lequel il demande à se rengager.

Sur le vu de cette attestation, le sous-intendant militaire reçoit le rengagement.

Le militaire en congé temporaire dans ses foyers, s'adresse, pour obtenir le certificat d'aptitude, à l'officier de recrutement de son département; il y joint un certificat de bonne conduite du chef du corps, se présente chez le sous-intendant militaire, qui admet son rengagement, et en fait parvenir l'avis au corps.

Si le rengagement est demandé pour un autre corps que celui où sert le militaire, celui-ci est tenu de produire, indépendamment des pièces ci-dessus, un certificat du chef de ce corps, constatant qu'il peut y être admis.

Quelle que soit la date du rengagement, le nouveau service auquel s'oblige le rengagé, ne peut compter qu'à partir du jour où cesse celui auquel il est déjà tenu.

Tout militaire auquel il a été délivré un congé définitif du service actif, n'est plus admis à se rengager.
Il ne peut rentrer dans les rangs de l'armée qu'en
contractant un acte d'engagement volontaire, et comme
simple dragon, quel que soit le grade qu'il occupât précédemment.

La loi accorde une haute paie journalière de 12 c.
par jour (dans la cavalerie), sous le titre de 1.er chevron, à tout sous-officier et soldat qui, ayant 7 ans de
service, continue à servir par rengagement.

Cette haute paie est fixée, après 11 et 15 ans de
service, à 15 c. par jour, sous les titres de 2.e et 3.e
chevrons.

L'armée se recrute donc par les appels, les engagemens volontaires et les rengagemens. Là pourraient
se borner les renseignemens à fournir sur les ressources
de l'Etat pour fonder une armée; cependant il existe
encore un mode de recrutement, ou plutôt de renouvellement des hommes déjà liés au service : il s'agit de
la faculté qui a été laissée aux familles, et par exception à la loi sur le recrutement, de faire remplacer les
militaires sous les drapeaux.

L'ordonnance du 3 décembre 1818 a déterminé les
conditions auxquelles ces remplacemens peuvent avoir
lieu, et malgré que cette disposition soit d'une date
antérieure à la loi actuelle sur le recrutement, l'ordonnance du 3 décembre 1818 n'en reste pas moins
exécutoire.

Des Remplaçans admis par les Corps.

L'ordonnance du 3 décembre 1818 prescrit ce
qui suit :

Aucun militaire en activité de service dans un corps,
n'est admis à se faire remplacer, si des motifs graves
ou des intérêts majeurs n'exigent pas son retour dans
sa famille.

Les maréchaux-de-camp sont délégués par le ministre
pour autoriser ces remplacemens.

Le remplaçant ne peut être âgé de plus de 26 ans
s'il n'a pas servi.

S'il a servi, il est admis jusqu'à 30 ans, et s'il sort
de l'arme, jusqu'à 35.

Dans aucun cas, il ne doit être marié, ni veuf avec
enfans.

S'il n'a pas servi dans l'arme du remplacé, il doit
s'obliger à rester au corps deux ans de plus que celui-
ci n'y était tenu.

S'il a servi dans l'arme, il ne peut faire moins de
deux ans au corps, en admettant que le remplacé dût
être libéré avant deux ans.

Le militaire ainsi remplacé doit verser dans les caisses
du trésor, savoir :

Pour l'indemnité d'habillement représentant
   les effets qu'il emporte..................... 95 f. »
Pour former la masse de son remplaçant .. 75   »
     Total.................................... 170 f. »

Cependant si le remplacement a lieu par un militaire
du corps libéré, et continuant par l'effet de ce remplacement à servir sans qu'il y ait interruption, le remplacé n'est plus tenu à verser la somme de 170 fr.
portée ci-dessus; il doit seulement compléter la masse
de son remplaçant, à 55 fr. (Décision du 8 janv. 1833.)

On ne parlera ici qu'en passant, et seulement pour
rappeler une circonstance, des décisions du 13 avril
1829 et 10 août 1832, qui ont autorisé les jeunes

soldats des classes de 1828 et 1831 à se faire remplacer, avant leur mise en route, par des brigadiers et dragons en activité, ayant moins de 6 mois de service à achever.

Cette mesure, qui a avantagé beaucoup les jeunes soldats en leur évitant de rejoindre et en les dispensant de verser au trésor les 170 fr. d'indemnité, a procuré en même temps à l'armée l'avantage de conserver un plus grand nombre d'anciens militaires. Il leur a semblé que conservant leur grade et leur classe, que ne changeant point d'escadron et n'éprouvant non plus aucun changement dans leur position première, ils continuaient à servir comme si leur temps n'était point achevé.

On le répète, cette mesure n'a été qu'exceptionnelle ; le ministre peut la remettre en vigueur encore, mais jusque-là il ne faut connaître d'autres règles pour les remplacemens dans les corps, que celles tracées par l'ordonnance du 3 décembre 1818, qui reste toujours comme principe.

DE L'ORGANISATION DE LA CAVALERIE.

On ne se chargera pas de faire ici l'historique de l'organisation de la cavalerie depuis son licenciement en 1815. Formée d'abord à 4 escadrons et à un complet très-faible que devaient alimenter des engagemens volontaires auxquels était attachée une prime, on a reconnu bientôt qu'elle ne pouvait être entretenue ainsi, et il en était de même pour toutes les armes spéciales. La loi Gouvion-St.-Cyr du 10 mars 1818 porta remède à cette insuffisance : les classes de 1817 et 1818 furent appelées et réparties dans l'armée à la fin de 1819, et le complet des régimens de dragons fut porté à 400 hommes et à 520 chevaux ; alors seulement on commença à avoir de la cavalerie.

En 1825 toute la cavalerie a subi une nouvelle organisation : les cuirassiers ont été augmentés de 4 régimens, les dragons de 2, et les chasseurs réduits de 24
régimens à 18. A la même époque les régimens ont été
portés à 6 escadrons, à l'exception des hussards, qui
restèrent à 4 escadrons.

Enfin cette dernière organisation a subi encore un
changement, et celle qui existe aujourd'hui est consa-
crée par l'ordonnance royale du 19 février 1831.

Cette ordonnance établit en principe que les régimens
de carabiniers et cuirassiers font partie de la cavalerie de
réserve, que les dragons et lanciers sont cavalerie de
ligne, et que les chasseurs et hussards forment la cavalerie légère.

Elle arme les dragons d'un fusil sans baïonnette, de 4
pieds 5 pouces de longueur, afin que ces corps, sans
rien perdre de leur importance comme cavalerie de
ligne, puissent au besoin remplir leur destination première et rendre sous ce rapport encore d'utiles services.

Dans le but d'encourager parmi les cavaliers la bonne
conduite, l'attachement au service, les progrès en
équitation, et pour le temps de guerre les actions
d'éclat, elle institue dans chaque escadron 32 cavaliers
de première classe pris en nombre égal dans chaque
peloton, et leur accorde un supplément de solde de 5
centimes par journée de présence.

Ces cavaliers sont désignés par le colonel sur la proposition de l'officier de peloton, l'approbation du capitaine-commandant et l'avis du chef d'escadron.

Il doit être procédé de même lorsqu'il s'agit de faire
perdre à un cavalier cette distinction.

La même ordonnance a créé le peloton hors-rang en
retirant de l'effectif des escadrons les sous-officiers et
cavaliers chargés des détails de l'administration du corps
et employés dans les ateliers.

Le nombre de ces cavaliers n'est point invariable : il peut selon les besoins être augmenté ou diminué par des mutations entre ce peloton et les escadrons. Ces mutations sont autorisées par le colonel sur le rapport du major, en ce qui concerne l'administration et les ateliers.

Le peloton hors-rang qui se trouve réuni au petit état-major, est sous la surveillance de l'officier d'habillement, qui exerce à son égard les fonctions de capitaine ; le porte-étendard y remplit celles d'officier de peloton ; l'adjudant-vaguemestre celles de maréchal-des-logis chef.

Sur le pied de paix, les régimens de cavalerie de ligne doivent avoir :

			Chevaux.
Officiers	d'état-major.............	14	24
	d'escadron	36	48
	sous-lieutenans à la suite.	3	3
	TOTAUX.............	53 offic.	75 chev.
Troupe.	Petit état-major.........	9	9
	Peloton hors-rang.......	53	»
	Chaque escadron 148 hommes et 125 chevaux ; pour 6 escadrons..........	888	750
	TOTAUX.............	950 hom.	759 chev.

Report des officiers..................... 53   75

La force d'un régiment en temps de paix est donc de.............................. 1003 offi., s.-offi. et soldats. 834 chev.

(Voir à la fin de ce Recueil l'état n.º 1.er, présentant la composition d'un régiment.)

Sur le pied de guerre, les régimens reçoivent les accroissemens suivans :

A l'état-major, un 3.e chef d'escadron, un 3.e adjudant-major, un chirurgien-sous-aide, un 4.e adjudant-sous-officier, un 3.e vétérinaire et deux trompettes.

Dans les escadrons, 2 sous-lieutenans, 2 maréchaux-des-logis, 4 brigadiers, 25 dragons. Les chevaux de troupe sont portés à 153 par escadron.

A l'exception du colonel, des chefs d'escadron, des adjudans-majors et du chirurgien-major, auxquels il est passé 2 chevaux en plus du pied de paix, tous les autres officiers ont droit à un cheval en plus.

Ainsi un régiment de dragons sur le pied de guerre doit présenter le complet suivant :

		Chevaux.
Officiers	65	153
Troupe......................	1143	991
TOTAUX..............	1208 hommes, 1144 chevaux.	

Le maître-armurier et les brigadiers-ouvriers sellier, tailleur et bottier, ainsi que les ouvriers nécessaires, suivent les escadrons de guerre.

Le passage du pied de paix au pied de guerre peut être progressif, de même que le complet au pied de guerre n'est point invariable.

Au moment de la séparation des escadrons de guerre, il est procédé à la formation du dépôt du régiment.

Ce dépôt est toujours commandé par le major et sous les ordres du capitaine-instructeur, à moins qu'après la formation du dépôt un ou plusieurs escadrons restent ou rentrent au dépôt; dans ce cas, le chef d'escadron qui les commande prend aussi le commandement du dépôt. (Ordonnance du 19 novembre 1831.)

Le dépôt est composé d'officiers, sous-officiers, brigadiers et cavaliers tirés des cadres ;

SAVOIR :

Du major,
Du capitaine-instructeur,
D'un adjudant-major,
Du trésorier,
De l'officier d'habillement,
Du chirurgien-sous-aide,
D'un adjudant-sous-officier,

D'un vétérinaire en deuxième,

Du trompette-brigadier,

De deux trompettes,

De trois maréchaux-ferrans,

Et du peloton hors-rang, déduction faite de la partie qui a suivi les escadrons de guerre.

De plus chaque escadron laisse un maréchal-des-logis, le brigadier-élève-fourrier et deux brigadiers.

Le dépôt comprend en outre : 1.º les hommes et les chevaux qui ne sont point entrés dans la première formation des escadrons de guerre ; 2.º les produits ultérieurs du recrutement et des remontes.

Le capitaine-instructeur remplit à l'égard des fractions des escadrons, les fonctions de capitaine-commandant.

La comptabilité relative à *chaque fraction*, est tenue sous sa direction par le brigadier-élève-fourrier, et de manière à ce qu'elle ne soit qu'une branche de l'administration de l'escadron.

Lorsqu'on passe du pied de guerre au pied de paix, les officiers et sous-officiers qui se trouvent en excédant du pied de paix restent à la suite du corps, et ont droit aux premières vacances, sans exception, qui surviennent dans les emplois de leur grade.

Dans ce cas et à dater de l'arrivée à destination, les officiers reçoivent pendant un mois encore les rations de fourrages pour les chevaux qu'ils possèdent jusqu'à concurrence du nombre qui leur est attribué au pied de paix.

Des Enfans de troupe et Blanchisseuses.

Il ne peut être admis plus de 2 enfans de troupe par escadron et un au peloton hors-rang.

Il ne peut être reconnu qu'une blanchisseuse-vivandière par escadron, plus une pour le peloton hors-rang.

En temps de paix, les enfans sont attachés aux escadrons; en temps de guerre, ils sont placés au dépôt.

Sont seuls susceptibles d'être admis comme enfans de troupe,

1.° Les fils légitimes des sous-officiers et soldats décédés ou en activité ;

2.° Les fils légitimes des mêmes retirés du service ;

3.° Les fils des officiers décédés ou en activité ;

4.° Les fils légitimes des mêmes retirés du service.

Sont exclus de cette faveur les fils des gagistes.

Les maîtres-ouvriers liés au service ne peuvent obtenir l'admission que d'un de leurs enfans.

Il en est de même pour les officiers.

Les enfans de troupe ayant leur père ou leur mère dans le régiment, sont admis à l'âge de deux ans accomplis.

Ceux dont les parens ne font pas partie du corps, ne peuvent être reçus qu'à 8 ans révolus.

Les propositions sont faites par le chef du corps; l'admission est prononcée par le lieutenant-général. Le ministre se réserve seulement de statuer sur les propositions concernant les enfans d'officiers.

Après 14 ans nul enfant ne peut être admis qu'à la condition de servir comme trompette ou musicien.

A 18 ans ils sont rayés s'ils ne contractent pas d'engagement volontaire.

Le nombre des femmes attachées à chaque corps, ne devant jamais dépasser le nombre de 7 indiqué plus haut, les chefs de corps ne doivent accorder aucune permission de mariage en excédant de ce complet.

DE L'AVANCEMENT.

La loi du 14 avril 1832 s'exprime ainsi :

Nul ne pourra être caporal ou brigadier s'il n'a servi activement au moins 6 mois comme soldat dans un des corps de l'armée.

Nul ne pourra être sous-officier s'il n'a servi activement au moins 6 mois comme caporal ou brigadier.

Nul ne pourra être sous-lieutenant s'il n'est au moins âgé de 18 ans; s'il n'a servi au moins 2 ans comme sous-officier dans un des corps de l'armée, ou s'il n'a été pendant 2 ans élève des écoles militaires ou polytechnique, et s'il n'a satisfait aux examens de sortie de ces écoles.

Nul ne pourra être lieutenant s'il n'a servi au moins 2 ans dans le grade de sous-lieutenant.

Nul ne pourra être capitaine s'il n'a servi au moins 2 ans dans le grade de lieutenant.

Nul ne pourra être chef d'escadron ou major s'il n'a servi au moins 4 ans dans le grade de capitaine.

Nul ne pourra être lieutenant-colonel s'il n'a servi au moins 3 ans dans le grade de chef d'escadron ou de major.

Nul ne pourra être colonel s'il n'a servi au moins 2 ans dans le grade de lieutenant-colonel.

Nul ne pourra être promu à un des grades supérieurs à celui de colonel s'il n'a servi au moins 3 ans dans le grade immédiatement inférieur.

Un tiers des grades de sous-lieutenant vacans dans les corps de troupes de l'armée, sera donné aux sous-officiers des corps où aura lieu la vacance.

Les deux tiers des grades de lieutenant et de capitaine, seront donnés à l'ancienneté de grade parmi les officiers du corps où auront lieu les vacances.

La moitié des grades de chef d'escadron , sera donné à l'ancienneté de grade, aux capitaines sur la totalité de chaque arme.

Les emplois de major seront au choix.

Tous les grades supérieurs à celui de chef d'escadron ou major seront au choix (*).

L'ancienneté pour l'avancement sera déterminée par la date du brevet du grade , ou , à date semblable, par celle du brevet du grade inférieur.

Lorsqu'un officier cessera de faire partie des cadres de l'armée, dans tous les autres cas que ceux de mission pour service, de licenciement ou de suppression d'emploi, le temps qu'il aura passé hors des cadres sera déduit de l'ancienneté.

Les officiers prisonniers de guerre conserveront leurs droits d'ancienneté pour l'avancement.

Le temps de service pour passer d'un grade à un autre pourra être réduit de moitié à la guerre ou dans les colonies.

Mais il pourra être dérogé aux conditions de temps imposées par les dispositions qui précèdent : 1.° pour actions d'éclat duement justifiées et mises à l'ordre du jour de l'armée; 2.° lorsqu'il ne sera pas possible de pourvoir autrement aux remplacemens des vacances dans les corps en présence de l'ennemi.

En temps de guerre et dans les corps qui seront en présence de l'ennemi , la moitié des grades de lieutenant et de capitaine sera donnée à l'ancienneté, et la totalité des grades de chef d'escadron sera donnée au choix du Roi.

(*) Il est arrêté en principe pour la cavalerie , que l'avancement est distinct pour les trois parties qui la composent, savoir : la grosse cavalerie , la cavalerie de ligne et la cavalerie légère ; ainsi une vacance a lieu dans la grosse cavalerie : elle appartient aux officiers de carabiniers et de cuirassiers, etc.

Il ne pourra dans aucun cas être nommé à un grade sans emploi ou hors des cadres, ni être accordé des grades honoraires.

Il ne pourra également dans aucun cas être donné un rang supérieur à celui de l'emploi.

Nul officier admis à la retraite ne pourra être réemployé dans les cadres de l'armée.

L'emploi est distinct du grade. Aucun officier ne pourra être privé de son grade que dans les cas et suivant les formes déterminés par la loi.

Telles sont les dispositions qui régissent l'avancement dans l'armée. Une ordonnance de détail pour l'exécution de cette loi est attendue et remplacera celle du 2 août 1818, laquelle reste encore en vigueur. Mais on a cru pouvoir se dispenser de donner ici les développemens de cette ordonnance, puisqu'elle doit être incessamment rapportée. L'une de ses dispositions principales est l'avantage qu'elle accorde aux adjudans-majors-lieutenans, en les faisant de droit capitaines après 4 ans de grade.

Avancement particulier des Fourriers.

Les brigadiers-fourriers sont de droit sous-officiers au bout de deux ans de service, lorsqu'ils justifient d'une année de service, tant comme brigadier que comme fourrier.

Cette spécialité, de même que celle relative à l'avancement des adjudans-majors, continue de recevoir son effet.

Des règles à observer pour le classement des Officiers.

Chaque année il est procédé par l'inspecteur-général au classement des officiers.

Les officiers arrivés dans l'intervalle d'une inspection sont placés à la gauche de leur grade jusqu'à la prochaine inspection, qui détermine le rang qu'ils doivent occuper.

Le classement a lieu sur la représentation du brevet ou de la lettre de service; à date semblable de nomination au grade, on se reporte à celle du brevet du grade inférieur, et au besoin à l'ancienneté d'âge.

Si deux sous-officiers sont promus sous-lieutenans le même jour, l'ancienneté est déterminée par la date de nomination dans le grade de maréchal-des-logis.

Les officiers démissionnaires, réformés avec ou sans traitement, en non-activité sans solde, ou en retraite, qui sont réadmis au service, perdent le temps passé dans ces différentes positions, et leur rang d'ancienneté n'est établi que d'après les services effectifs antérieurs à leur démission, réforme, mise en non-activité ou retraite.

Ces dispositions sont corroborées par la loi d'avancement, laquelle s'exprime ainsi :

« Lorsqu'un officier cessera de faire partie des cadres
» de l'armée, dans tous les autres cas que ceux de mis-
» sion pour service, de licenciement ou de suppression
» d'emploi, le temps qu'il a passé hors des cadres sera
» déduit de l'ancienneté. »

La même loi établit en droit que les officiers qui cesseront de faire partie des cadres de l'armée par suite de suppression d'emploi ou de licenciement, seront répartis, pour l'avancement, entre les differens corps de l'arme à laquelle ils appartiennent.

L'officier venu d'une autre arme ou d'un corps de la même arme, par permutation volontaire, ne peut prendre, dans le corps où il arrive, que le rang d'ancienneté qui était occupé par l'officier avec lequel il a permuté; son classement n'a lieu comme pour tout autre officier nouvellement arrivé, qu'à l'inspection la plus prochaine.

DES RETRAITES.

LE droit à la pension de retraite pour ancienneté est acquis à 3o ans accomplis de service effectif.

Les années de service se comptent de l'âge où la loi permet de contracter un engagement volontaire (18 ans).

Il est compté quatre années de service effectif à titre d'études préliminaires aux élèves de l'école polytechnique.

Les militaires qui ont atteint 3o années de service effectif sont admis à compter en sus les années de campagnes d'après les règles suivantes, savoir :

Est compté pour la totalité en sus de sa durée effective, le service,

1.º Qui a été fait sur le pied de guerre ;

2.º Dans un corps d'armée occupant un territoire étranger en temps de paix ou de guerre ;

3.º A bord pour les troupes embarquées en temps de guerre maritime ;

4.º Hors d'Europe en temps de paix, et le même service en temps de guerre leur est compté pour le double en sus de sa durée.

Est compté de la même manière le temps de captivité à l'étranger, des militaires prisonniers de guerre.

Est compté pour moitié en sus de sa durée effective :

1.º Le service militaire sur la côte en temps de guerre maritime ;

2.º Le service militaire à bord, pour les troupes embarquées en temps de paix.

Chaque période de temps passée dans l'une des positions ci-dessus et dont la durée a été moindre de douze mois, est comptée pour une année accomplie.

Néanmoins il ne peut être compté plus d'une année de campagne dans douze mois.

Après 30 années de service effectif, les militaires ont droit au minimum de la pension d'ancienneté déterminée pour leur grade.

Chaque année au-delà de 30 ans et chaque année de campagne, ajoutent à la pension un 20.ᵉ de la différence du minimum au maximum.

La pension de l'ancienneté se règle sur le grade dont le militaire est titulaire s'il a au moins 2 ans d'activité dans ce grade. Dans le cas contraire, la pension est réglée sur le grade immédiatement inférieur, à moins qu'il n'ait été mis à la retraite sans l'avoir demandé.

La pension de tout officier, sous-officier et brigadier ayant 12 ans accomplis d'activité dans son grade, est augmentée d'un cinquième.

TARIF.

	PENSIONS DE RETRAITE POUR ANCIENNETÉ.		
	Minimum à trente ans de service.	Chaque année de service ou campagne en sus de 30 ans.	Maximum.
Colonel...............	2400 f »» c	30 f »» c	3000 f »» c
Lieutenant-colonel	1800 »»	30 »»	2400 »»
Chef d'escadron ou major....	1500 »»	25 »»	2000 »»
Capitaine...............	1200 »»	20 »»	1600 »»
Lieutenant..............	800 »»	20 »»	1200 »»
Sous-lieutenant	600 »»	20 »»	1000 »»
Adjudant-sous-officier et vétérinaire en premier	400 »»	10 »»	600 »»
Maréchal-d.-logis-chef, trompette-major et vétérinaire en deuxième................	300 »»	10 »»	500 »»
Maréchal-des-logis et maître-ouvrier.................	250 »»	7 50	400 »»
Brigadier...............	220 »»	6 »»	340 »»
Dragon et trompette	200 »»	5 »»	300 »»

Les dispositions qui précèdent sont extraites de la loi du 14 avril 1831; et par ses articles 29, 30 et 31, cette loi réserve les droits acquis en vertu des dispositions antérieures, ainsi :

Le service militaire sera compté de l'âge de 14 ans aux tambours et trompettes, et de 16 ans aux autres militaires ainsi qu'aux élèves des écoles spéciales.

Les trois années de service accordées à titre d'études préliminaires aux officiers des corps d'artillerie, du génie, etc., qui n'ont pas été élèves de l'école polytechnique, continuent aussi de leur être comptées.

POUR CAUSE DE BLESSURES OU D'INFIRMITÉS.

Les blessures donnent droit à la pension de retraite lorsqu'elles sont graves et incurables, et qu'elles sont reconnues provenir d'événemens de guerre ou d'accidens éprouvés dans un service commandé.

Les infirmités donnent le même droit lorsqu'elles sont graves et incurables, et qu'elles sont reconnues provenir des fatigues ou dangers du service militaire.

La cécité, l'amputation ou la perte absolue de l'usage d'un ou plusieurs membres, ouvrent un droit immédiat à la pension.

Dans les cas moins graves, il faut :

1.º Pour l'officier, que les blessures ou infirmités le mettent hors d'état de rester en activité, et lui ôtent la possibilité d'y rentrer ultérieurement.

2.º Pour tout autre militaire, qu'elles le mettent hors d'état de servir et de pourvoir à sa subsistance.

Le tarif joint à la loi est gradué selon la gravité des blessures ou infirmités; ainsi la pension suite de cécité, amputation ou perte absolue de deux membres, est plus élevée que celle pour blessures ou infirmités emportant la perte de l'usage d'un membre; de même aussi, la pension accordée pour blessures ou infirmités qui ne permettent plus de servir, est plus faible que la précédente.

La pension pour blessures ou infirmités se règle sur le grade dont le militaire est titulaire; il n'est donc pas nécessaire, dans ce cas, d'avoir 2 ans de service dans le grade.

L'augmentation du 5.ᵉ en sus après 12 ans de service dans le grade, est également acquise.

DES PENSIONS DES VEUVES ET ORPHELINS.

ONT droit à une pension viagère, 1.ᵉ les veuves de militaires tués sur le champ de bataille ou dans un service commandé;

2.ᵉ Les veuves de militaires qui ont péri à l'armée ou hors d'Europe, et dont la mort a été causée par des événemens de guerre, maladies contagieuses, etc.;

3.ᵉ Les veuves de militaires morts des suites de blessures reçues sur un champ de bataille ou dans un service commandé, pourvu que le mariage soit antérieur à ces blessures;

4.ᵉ Les veuves de militaires morts en jouissance de la pension de retraite ou en possession de droits à cette pension, pourvu que le mariage ait été contracté deux ans avant la cessation de l'activité ou du traitement militaire du mari, ou qu'il y ait un ou plusieurs enfans issus du mariage antérieur à cette cessation.

Le mariage aura dû être autorisé dans les formes prescrites par le décret du 16 juin 1808.

Après le décès de la mère, la pension est reversible sur la tête des enfans; ce secours leur est payé jusqu'à ce que le plus jeune d'entr'eux ait atteint 21 ans accomplis.

La pension des veuves est fixée au quart du maximum de la pension d'ancienneté affectée au grade du mari.

Formalités à observer.

Les formalités à remplir pour l'obtention de la pension des veuves, sont tracées par le *Manuel des Pensions de l'armée de terre* (1831).

Tout militaire ayant 30 ans de service accomplis a le droit de demander sa retraite ; cette demande motivée est adressée au chef du corps. Il est ensuite établi par le conseil d'administration un mémoire de proposition appuyé des pièces justificatives des services et campagnes. Ce mémoire de proposition, visé par le sous-intendant militaire, est remis à l'inspecteur-général, qui l'approuve et l'adresse au ministre ; en l'absence de l'inspecteur-général, le lieutenant-général commandant la division peut le transmettre.

Le militaire ayant ainsi demandé sa retraite, est tenu de rester à son corps jusqu'à la réception de l'avis de la fixation de la pension.

Tout militaire qui a à faire valoir des droits à la pension de retraite pour cause de blessures ou d'infirmités, doit faire sa demande avant de quitter le service. Il l'adresse au chef du corps, et y joint un certificat dans lequel les officiers de santé de l'hôpital militaire où le dernier traitement a été suivi, ont constaté la nature et les suites des blessures, et ont déclaré qu'elles leur paraissaient incurables. S'il n'a pas été traité dans un établissement militaire, le certificat lui est délivré par les officiers de santé en chef d'un des hôpitaux militaires ou hospices civils, préalablement désignés par le ministre pour ces sortes de visites.

Il joint en outre à sa demande, 1.° la justification des blessures ou infirmités par des rapports officiels ou autres documens authentiques, ou enfin par une information ou enquête; 2.º l'état de ses services.

Le conseil d'administration communique la demande et les pièces au sous-intendant militaire, qui les vise et les transmet à l'officier-général commandant la subdivision, lequel désigne deux officiers de santé parmi ceux attachés, soit au corps, soit à d'autres régimens. Une nouvelle visite a lieu, et procès-verbal en est dressé.

Ce procès-verbal est présenté avec la demande et les pièces à l'inspecteur-général, lors de la plus prochaine inspection.

Dans le cas d'urgence, le lieutenant-général commandant la division exerce ou délègue au commandant de la subdivision les attributions de l'inspecteur-général.

L'inspecteur-général fait ensuite procéder, en sa présence, par deux autres officiers de santé qu'il a choisis, à une vérification des causes qui motivent la demande. Procès-verbal est encore dressé par le sous-intendant pour cette troisième visite.

Enfin, s'il est reconnu que les causes, la nature et les suites des blessures ou infirmités rentrent dans un des cas prévus par la loi, l'inspecteur-général fait préparer par le conseil d'administration le mémoire de proposition; il l'approuve et l'envoie au ministre.

DU TRAITEMENT DE RÉFORME.

Une ressource reste encore aux officiers qui, fatigués et presque infirmes, ont besoin d'un long repos.

Il s'agit du traitement de réforme, modique il est vrai, mais qui laisse aux officiers qu'un accident ou un état passager de maladie ont forcés de s'éloigner, l'espoir de rentrer au service. C'est du moins dans ce but intéressant que l'ordonnance du 5 février 1823 a été rendue.

Mais a-t-elle toujours reçu son application? Malheureusement non; cette ordonnance a donné lieu à beaucoup d'abus : des infirmités ont été feintes, et un grand nombre d'officiers dont l'ambition n'était pas satisfaite, ou que l'ennui du service avait gagnés, se sont retirés par ce moyen.

L'abus est connu, et déjà le ministre l'a signalé en présentant un projet de loi qui doit rapporter les dispositions de l'ordonnance du 5 février 1823. Cet incident ne dispensera pas de faire connaître les principales dispositions encore en vigueur.

« Chaque officier admis au traitement de réforme, » sera pourvu d'un titre indiquant le nombre de ses » années de service, et le temps pendant lequel il devra » conserver ce traitement, s'il n'est pas rappelé au » service.

» Les officiers placés dans cette position, conserveront » ce traitement pendant le nombre d'années ci-dessous » spécifié, dans le cas même où ils rentreraient dans » la vie civile, et sans qu'ils puissent être astreints à » reprendre du service dans l'armée.

» Le temps passé en jouissance du traitement de » réforme, sera compté comme service actif, pour l'admission à la pension de retraite par ancienneté, soit » aux officiers qui auront été rappelés à l'activité, » soit à ceux qui, n'y ayant pas été rappelés, auraient » été admis à ce traitement, après avoir accompli leur » 20.ᵉ année de service. »

La quotité du traitement annuel de réforme est établie comme il suit :

Colonel	1200 fr.	» » c.
Lieutenant-colonel	1000	» »
Chef d'escadron	900	» »
Capitaine	600	» »

Lieutenant...................,..... 450   » »

Sous-lieutenant 350   » »

Pour 20 ans accomplis de service, on doit en jouir 10 années.

Pour 18 ans et moins de 20.... 9 années.

Pour 16 8

Pour 14 7

Pour 12 ...:...............,...... 6

Pour 10 5

Pour 8 4

Pour 6 3

Au-dessous de 6 ans de service, il n'est rien accordé.

L'admission à ce traitement exige aujourd'hui les mêmes visites et contre-visites de médecins, et les mêmes formalités que celles prescrites pour l'obtention de la retraite par suite de blessures ou infirmités.

Les présentations sont faites par le conseil d'administration aux inspecteurs-généraux, qui approuvent ou rejettent les mémoires de propositions sur lesquelles le ministre se réserve de statuer.

DE LA LIBÉRATION.

LE 31 décembre de chaque année, en temps de paix, les soldats liés au service comme appelés, qui ont achevé leur temps de service, reçoivent leur congé définitif.

Ils le reçoivent en temps de guerre, immédiatement après l'arrivée au corps du contingent destiné à les remplacer. Les engagés volontaires reçoivent leur congé définitif au jour correspondant à leur engagement, après l'expiration des 7 années obligées.

Les rengagés sont congédiés après l'expiration du temps pour lequel ils ont prolongé volontairement leur service.

Les remplaçans admis par les conseils d'administration prenant la place du jeune soldat, de l'engagé volontaire ou du rengagé, sont libérés aux époques où ceux-ci auraient dû l'être ; cependant s'ils n'ont pas servi dans l'arme, ils ne peuvent recevoir leur congé définitif que deux ans après l'expiration du service du remplacé.

Dans aucun cas, ces remplaçans ne peuvent être libérés avant 2 ans de présence sous les drapeaux.

Ne peut être compté comme service, 1.º à tout jeune soldat ou engagé volontaire en retard de rejoindre, le temps pendant lequel il a été, par un jugement, reconnu insoumis ; 2.º à tout militaire sous les drapeaux, le temps d'absence illégale et celui passé dans l'état de détention en vertu d'un jugement.

Ainsi le temps passé dans ces diverses positions doit reculer d'autant l'époque primitive de la libération.

On entend par absence illégale, la disparition momentanée des drapeaux, et le séjour hors du corps qui a lieu après l'expiration des congés ou permissions sans justification de motifs d'empêchement, tels que la maladie ou le séjour aux hôpitaux.

DES CONGÉS D'UN AN.

Les congés d'un an peuvent être donnés à deux titres, aux sous-officiers et soldats.

1.º A ceux présentés comme impropres au service et dont l'état de santé laisse quelque espoir d'amélioration.

2.º A ceux réclamés comme indispensables soutiens de famille.

Les premiers doivent être visités et contre-visités par les officiers de santé du corps et des hôpitaux militaires, en présence de l'inspecteur-général, qui prononce.

Les seconds doivent produire au conseil d'administration du corps, le certificat, modèle n.° 5, prescrit par la circulaire du 21 septembre 1830, constatant que, depuis leur incorporation ou leur rengagement, ils sont devenus les indispensables soutiens de leur famille, comme aînés d'orphelins, ou fils uniques ou fils aînés de veuve, de père septuagénaire ou aveugle.

Hors les cas ci-dessus, la demande ne peut être accueillie.

A moins d'exception, ces sortes de propositions se font à l'époque de l'inspection-générale.

Les militaires en congé d'un an sont rayés de l'effectif.

Leur masse est arrêtée, mais doit rester en dépôt dans la caisse du corps jusqu'à l'époque de leur libération; alors seulement le montant leur en est envoyé.

Il est tenu, dans chaque corps, un contrôle séparé des hommes dans cette position. Un semblable contrôle est tenu par département, par les soins du capitaine de recrutement.

Chaque année ces militaires sont appelés à faire renouveler leur congé.

Les maréchaux-de-camp procèdent à cette opération, et si les causes qui ont déterminé la délivrance des congés ont cessé, ces militaires reçoivent l'ordre de rejoindre, et avis en est donné au corps par le capitaine de recrutement.

A leur arrivée, ils sont réincorporés et reçoivent le complément des effets qui leur manquent, n'ayant dû emporter que ceux dont le détail suit : l'habit, la veste d'écurie, le bonnet de police, le pantalon de cheval et un porte-manteau hors de service.

Les militaires en congé d'un an ne peuvent être autorisés à exempter du service leur frère, qu'autant qu'ils rentrent immédiatement sous les drapeaux, ou qu'ils obtiennent un congé de renvoi comme impropres au service.

ADMINISTRATION ET COMPTABILITÉ.

Première Partie.

Finances.

CHAPITRE PREMIER.

NOTIONS PRÉLIMINAIRES SUR L'ADMINISTRATION ET LA COMPTABILITÉ DES CORPS DE TROUPES.

D. Qu'entend-on par administration en général?

R. On entend par administration, le mode consacré par les lois et réglemens pour régir les fonds et tous les autres objets appartenant au gouvernement, et qui sont confiés à un conseil d'administration.

D. Qu'entend-on par comptabilité en général?

R. On entend par comptabilité, les formes établies par le gouvernement pour la garantie du trésor. Les dépenses et leur justification donnent lieu à beaucoup de formalités qu'on ne peut se dispenser de remplir, en suivant la marche tracée par les réglemens.

D. A qui sont confiés les détails de l'administration d'un corps?

R. L'administration intérieure du corps est exercée par une réunion d'officiers constitués en conseil gérant, sous le nom de conseil d'administration.

On distingue deux sortes de conseils d'administration: le conseil principal, qui est permanent, et le conseil éventuel, qui n'est que temporaire et n'existe que dans le cas de séparation des parties d'un même corps; le dépôt est celle des parties séparées où réside le conseil d'administration principal.

D. Comment le conseil principal est-il composé lorsque le corps est réuni?

R. Du colonel, président;

Du lieutenant-colonel,

D'un chef d'escadron,

De deux capitaines.

Le major remplit les fonctions de rapporteur auprès du conseil, le trésorier en est le secrétaire.

Ces conseils sont renouvelés et installés le 1.er jour de chaque année, par le sous-intendant militaire, qui en dresse procès-verbal.

Le renouvellement a lieu à tour de rôle pour les chefs d'escadron, et pour les capitaines, par voie d'élection; cette élection a lieu à l'époque des revues d'inspection pour l'année suivante.

En cas d'absence, les membres sont suppléés de droit de la manière suivante, savoir:

Le colonel, par l'officier supérieur qui commande en son absence; le lieutenant-colonel, par le plus ancien chef d'escadron.

Le chef d'escadron, par un officier du même grade, et subsidiairement par un capitaine.

Les capitaines, par les suppléans élus à l'inspection, et subsidiairement par les plus anciens du même grade ou du grade inférieur.

En cas de séparation des escadrons de guerre et de formation du dépôt, il est procédé à la formation du conseil du dépôt, qui se compose comme il suit:

Du major, président;

De l'adjudant-major,

D'un capitaine,

Du trésorier,

De l'officier d'habillement.

Si après la formation du dépôt un ou plusieurs escadrons restent ou rentrent au dépôt, la présidence du conseil appartient à l'officier qui les commande.

Si le colonel et le lieutenant-colonel sont simultanément présens au dépôt, le colonel seul fait partie du conseil et le préside; si le lieutenant-colonel s'y trouve seul, il prend cette présidence.

Tout autre officier supérieur dans une position éventuelle de présence au dépôt, ne fait point partie du conseil.

Dans les cas prévus ci-dessus, l'adjudant-major se retire du conseil pour qu'il ne soit composé que de cinq membres.

Pour les portions du corps, l'installation des conseils éventuels date du jour de la séparation.

Le conseil d'administration ne peut être convoqué que par le président.

D. Quelles sont les attributions du conseil d'administration?

R. Il est spécialement chargé de diriger, conformément aux réglemens, l'emploi des fonds destinés à la solde et à l'entretien de la troupe; de former les demandes nécessaires pour obtenir le paiement ou la fourniture des prestations en deniers et en nature; de passer les marchés nécessaires pour l'achat des effets principaux et accessoires d'habillement, grand équipement et harnachement lorsque le ministre ne les fait pas fournir directement; d'approuver les marchés passés par la commission des capitaines pour l'achat des effets de linge et chaussure; de passer les abonnemens généraux pour les réparations ou dépenses au compte des masses d'entretien; de régler et autoriser toutes les dépenses éventuelles; enfin de vérifier et arrêter les comptes du trésorier et de l'officier d'habillement.

D. Par qui sont faites les réceptions d'effets ou de

matières entrant dans les magasins du corps, quelle qu'en soit l'origine?

R. Par le conseil d'administration, qui peut se faire représenter par un ou plusieurs de ses membres.

D. Quelle est la forme à suivre pour les délibérations?

R. Le conseil doit être complet. Le major fait son rapport sur les objets qui exigent une décision. Le colonel les met en délibération s'il le juge convenable. Chaque membre du conseil a le droit de faire des propositions; le colonel peut en ajourner la délibération. Le conseil prononce à la majorité des voix; les moins élevés en grade opinent les premiers. Les membres qui ont voté contre une décision, ont la faculté de consigner les motifs de leur opposition.

D. Quelle est la responsabilité encourue par les membres du conseil?

R. Ils sont personnellement responsables de toutes les dépenses, fournitures et paiemens autorisés par eux en contravention aux réglemens et aux tarifs, sauf leur recours contre les parties prenantes.

Ils sont également responsables de toutes sommes excédant les besoins courans qu'ils auraient fait remettre au trésorier, ainsi que de toutes avances de fonds faites à quelques individus, officiers, fournisseurs ou autres.

D. Où sont déposés les fonds appartenant au corps?

R. Toutes les sommes appartenant à un corps de troupe, tant en deniers qu'en effets actifs, sont renfermés dans une caisse à 3 serrures, qui doit être déposée chez le commandant du corps; l'une des trois clés reste entre ses mains, une autre est confiée au membre du conseil le plus élevé en grade après le président, et la dernière est remise au trésorier.

Dans la caisse doit être renfermé le registre de caisse.

D. Qu'entend-on par effets actifs?

R. Les effets actifs sont :

1.° Le bordereau des effets de linge et chaussure, et pièces d'armes, arrêté au 1.er jour du trimestre, indicatif des ressources en magasin représentant des espèces, par suite des paiemens qui en ont été faits aux fournisseurs.

2.° Les factures acquittées dans le cours du trimestre, pour achats de nouveaux effets de linge et chaussure, ou pièces d'armes.

3.° Les récépissés des fonds déposés au trésor, comme excédant les besoins courans.

4.° Les bordereaux de retenues à exercer sur le traitement des officiers ou autres, par suite de rejets, du montant desquels la caisse a dû se charger en recette.

D. Quelles sont les diverses prestations allouées à un régiment de cavalerie?

R. Ce sont la solde, les accessoires de solde, les masses et les fournitures de vivres, fourrages et chauffage.

D. Qu'entend-on par les accessoires de la solde?

R. Toute espèce de traitement qui se paie cumulativement avec la solde, tels que le supplément à la solde de route, le supplément de solde pour résidence dans Paris, le supplément de solde aux militaires employés aux opérations de recrutement, chargés de la conduite des détachemens de jeunes soldats, ou envoyés en remonte; l'indemnité de représentation allouée aux chefs de corps, l'indemnité représentative des fourrages dans les cas prévus, l'indemnité de logement ou d'ameublement, celle pour perte de chevaux et d'effets, la gratification de 1.re mise aux sous-officiers promus officiers, enfin la gratification d'entrée en campagne.

D. Combien y a-t-il d'espèces de masses dans un corps de cavalerie?

R. Il y en a cinq, savoir :

La masse individuelle,

La masse d'entretien d'habillement,

La masse d'entretien de harnachement et ferrage,

La masse d'habillement,

La masse de harnachement.

Il y existe de plus un fonds de réserve d'habillement, appartenant aux adjudans, vétérinaires et maîtres-ouvriers, formé des retenues qu'ils supportent sur l'indemnité annuelle qui leur est allouée.

D. Quel est l'usage déterminé de la masse individuelle ?

R. La masse individuelle est destinée à procurer au soldat tous les effets de petit équipement dont il doit être pourvu d'après les réglemens.

D. La masse individuelle est-elle la propriété du soldat ?

R. Non, elle est la propriété de l'Etat tant que l'homme est sous les drapeaux. Elle ne devient propriété du soldat qu'à l'époque de sa libération, ou de son départ, s'il est congédié par réforme, retraite ou passage aux invalides.

Dans les cas de cessation de service pour cause de mort, désertion, condamnation à des peines afflictives, captivité ou renvoi pour infirmités dont l'origine est antérieure à l'entrée au service, elle fait retour à l'Etat.

D. Quel est l'usage déterminé des masses d'entretien et de celles d'habillement et de harnachement ?

R. La masse d'entretien d'habillement se divise en deux portions : la première pourvoit aux dépenses de la musique en tout ce qui la concerne, et au remplacement des trompettes et cordons.

La seconde est destinée, 1.º aux dépenses des réparations à l'habillement, à la coëffure et à l'équipement ; 2.º à celles d'infirmerie, pour les hommes attaqués de maladies légères ; 3.º à celles pour achats des galons de grades et de chevrons, des bretelles de fusil, des cordons de sabre et des couvre-platines; à l'habillement des enfans de troupe, et à la fourniture des blouses et pantalons des cuisiniers; 4.° enfin, aux dépenses extraordinaires et imprévues.

La masse d'entretien du harnachement et ferrage est destinée, 1.° aux dépenses des réparations du harnachement; 2.° à celles de ferrage des chevaux de troupe; 3.° aux frais de médicamens; 4.° aux frais d'entretien des ustensiles d'écurie; 5.° à l'éclairage des écuries; 6.° à toutes dépenses imprévues et se rapportant particulièrement à l'entretien des écuries.

Quant à la masse d'habillement et à celle de harnachement (fonds spéciaux), ces deux masses sont uniquement destinées à pourvoir au remplacement des effets de toute nature qui ont atteint leur terme de durée, ou bien qui ont été reconnus hors de service par les inspecteurs-généraux d'armes.

D. Comment se perçoit la solde des officiers, et à quelle époque?

R. Dans les premiers jours de chaque mois, pour le mois échu, et sur des états ordonnancés par les sous-intendans militaires.

D. Comment se perçoit la solde de la troupe?

R. Les 1.er et 16 de chaque mois, et sur des états ordonnancés de la même manière.

D. Comment la masse d'entretien d'habillement et celle de harnachement et ferrage se perçoivent-elles, et à quelle époque?

R. Elles se perçoivent de la même manière que la solde des officiers et sur les mêmes états.

D. Comment se perçoivent les subsistances et quels sont les jours de distributions?

R. Elles se perçoivent aux époques ci-après déterminées, sur des bons du trésorier, visés par le major; savoir :

Les vivres tous les quatre jours,

Les fourrages tous les deux ou tous les quatre jours,

Le chauffage de cinq en cinq jours.

Les jours et heures de distributions sont d'ailleurs réglés par les sous-intendans militaires, selon les saisons, les circonstances et les localités.

D. Comment se perçoivent les fonds affectés aux masses d'habillement et de harnachement, et à quelle époque?

R. Sur des ordonnances particulières que le ministre de la guerre adresse au conseil d'administration par l'intermédiaire des intendans et sous-intendans militaires.

D. Quelles sont les caisses du trésor chargées de faire les paiemens aux corps?

R. Ce sont celles des payeurs du département exclusivement. Le traitement de la Légion-d'Honneur est la seule dépense payable par les receveurs-généraux, par la raison que les fonds proviennent de la caisse d'amortissement.

D. Comment un corps doit-il justifier des recettes?

R. Il doit en justifier par un livret signé du conseil d'administration, coté et paraphé par le sous-intendant militaire qui en a l'inspection.

Les payeurs sont tenus, sous leur responsabilité personnelle, d'inscrire toutes les sommes qu'ils payent au conseil, à quelque titre que ce soit; le major y inscrit toutes les recettes extraordinaires faites par le trésorier, telles que le produit de la vente du fumier et les versemens volontaires à la masse individuelle. Ce livret reste entre les mains du major.

D. A quelle époque la comptabilité doit-elle être arrêtée, et quelles sont les autorités chargées de cette opération?

R. Elle doit être arrêtée provisoirement chaque trimestre par le sous-intendant ayant la police du corps, et définitivement chaque année; d'abord par l'intendant militaire divisionnaire, puis par l'inspecteur-général d'armes, à l'époque de sa tournée.

D. Quelle est l'autorité militaire spécialement chargée de surveiller et diriger journellement les opérations administratives des corps?

R. C'est le corps des intendans militaires; ces agens sont en quelque sorte les régulateurs de toutes les dépenses, ils sont chargés des revues, et les revues sont la base de toutes les prestations.

D. Y a-t-il des autorités supérieures à celles des intendans, et quelles sont ces autorités?

R. Il en a deux, qui sont : l'inspecteur-général et le ministre de la guerre.

D. Quelles sont les fonctions respectives exercées par ces deux autorités supérieures sur un corps?

R. Celles de l'inspecteur-général consistent principalement à vérifier la situation de la caisse et des magasins du corps; à s'assurer si les fonds mis à sa disposition pour l'habillement, l'équipement et le harnachement, ont reçu la destination qui leur était assignée par le ministre de la guerre; à vérifier le livret d'armement; à porter une attention particulière à la confection et à l'entretien des effets d'habillement, d'équipement, de harnachement et d'armement; à s'assurer si les registres-matricules et de détail, tenus par les maréchaux-des-logis chefs, sont en règle et au courant, et s'ils sont en harmonie avec les matricules tenues dans le corps et avec les livrets des hommes; à clore tous les registres de comptabilité pour l'année précédant celle de sa revue.

Enfin l'inspecteur-général est chargé de procéder au renouvellement du conseil d'administration pour l'année suivante. Cette élection est constatée par un procès-verbal dressé par le sous-intendant militaire ayant la police du corps, présent à la séance.

A l'égard du ministère vis-à-vis les corps, on doit le considérer, sous le rapport de ses attributions, comme le centre de l'administration générale; c'est vers ce centre que toutes les opérations viennent aboutir; c'est là qu'elles se dirigent et se consomment. Ainsi aucune comptabilité ne peut être regardée comme définitivement consommée, tant que ses résultats n'ont pas été apurés dans les bureaux du ministère.

D. Qu'entend-on par contrôles annuels, et quel en est le but ?

R. Ces contrôles sont disposés de manière qu'il y en ait un pour l'état-major et le peloton hors-rang, et un pour chaque escadron; la réunion de ces contrôles particuliers forme le contrôle général du corps.

Ces contrôles sont destinés à recevoir l'inscription des hommes appartenant à chaque escadron, ainsi que l'annotation de toutes les mutations que ces hommes peuvent subir dans le cours d'une année.

Lors du renouvellement des contrôles, on y enregistre les hommes par rang de grade, les cavaliers par classe, et dans chaque grade ou classe par rang d'ancienneté; il doit être laissé à la suite de chaque grade ou classe pour les remplacemens qui peuvent avoir lieu dans le cours de l'année, un nombre de cases en blanc égal à deux fois celui formant le complet du grade ou de la classe.

Chaque homme est désigné au contrôle par le numéro de la case qu'il occupe, par son numéro au registre-matricule, par ses nom, prénoms, surnom; la date de son entrée au service, ainsi que l'indication de son dernier domicile, y sont également portées; l'âge de chaque officier doit y être porté.

Il est tenu aussi dans chaque corps un contrôle particulier des militaires en congé d'un an , contenant leur signalement, le lieu où ils sont retirés, les causes qui ont donné lieu à la délivrance du congé , et leur avoir à la masse au jour du départ.

Ce contrôle est suivi pour les pertes ou mutations qui surviennent parmi ces militaires , qui sont provisoirement rayés de l'effectif des escadrons.

Il est tenu, de plus, des contrôles annuels pour les chevaux , divisés et numérotés comme ceux des hommes; une lettre particulière est affectée à chaque escadron. Ils sont disposés de manière qu'il y en ait un pour l'état-major et un pour chaque escadron ; la réunion de ces contrôles particuliers forme le contrôle général des chevaux du corps.

Ces contrôles en hommes et en chevaux servent de de base pour l'établissement et la vérification des feuilles de journées.

D. Quel est l'objet et la destination des feuilles de journées ?

R. Il est établi dans chaque corps de troupe et par trimestre, une revue de liquidation destinée à fixer les droits que les corps ont acquis aux prestations de toute nature dans le cours du trimestre expiré ; c'est sur les feuilles de journées que cette revue est établie.

Ces revues de liquidation sont terminées par des décomptes définitifs , qui ont pour objet d'opérer la libération du ministère de la guerre envers les corps , et celle des corps envers le ministère de la guerre.

D. Quelles sont les formes usitées pour constater l'existence et les droits des militaires dans les corps ?

R. Il est tenu dans les corps de troupe deux matricules des hommes , l'une pour les officiers et l'autre pour les hommes de troupe.

Le registre-matricule des officiers est disposé de manière à recevoir, pour chacun d'eux , dans des cases séparées et numérotées , l'annotation ,

Du numéro d'immatriculation ;

Des nom et prénoms ;

Des noms et prénoms des père et mère ;

Du lieu et du jour de naissance ;

De la date de l'entrée au service et en quelle qualité ;

Du détail des services dans chaque corps et dans chaque grade ;

Des campagnes faites, des blessures reçues, des décorations obtenues, et des actions d'éclat ;

Des mariages contractés au corps ou antérieurement ;

Du décès au service ;

De l'époque et des causes de la sortie du corps.

Le registre-matricule des hommes de troupe indique, dans des cases séparées et numérotées, depuis la première jusqu'à la dernière,

Le numéro d'immatriculation ;

Ses nom, prénoms et surnom, et ceux de ses père et mère ;

Le jour et le lieu de sa naissance ;

Son signalement ;

Sa profession ;

Le lieu de son dernier domicile ;

La date de son arrivée ;

La qualité en vertu de laquelle il est lié au service, la date et le lieu de l'engagement volontaire, ou la désignation s'il est jeune soldat, remplaçant ou substituant, et de quelle classe ;

Les dates des rengagemens et le nombre d'années pour lesquelles ils sont contractés ;

Les grades successifs, les campagnes et blessures, les actions d'éclat et les récompenses militaires ;

Les mariages contractés au corps ;

Les absences illégales et les désertions ;

Enfin les mutations qui éloignent l'homme du corps définitivement, les mentions de la captivité à l'ennemi, et de tout jugement correctionnel ou autre portant peine d'emprisonnement.

Tout homme de troupe, depuis son admission dans un corps jusqu'à sa sortie ou sa promotion au grade d'officier, conserve son numéro d'immatriculation.

D. Existe-t-il un semblable registre pour les chevaux?

R. Oui, il existe un registre général du signalement des chevaux de troupe; tous les chevaux y sont désignés par leur nom, le numéro de leur case et leur signalement; ce registre indique aussi l'origine des chevaux, la date de leur réception, celle de leur mort, etc. etc.

D. Quels sont les principaux registres tenus dans le corps?

R. Il est tenu dans chaque corps de troupe, savoir :

Par le conseil d'administration.	Un registre des délibérations ; Un registre de caisse.
Par le major.	Un registre des déserteurs.
Par le trésorier.	Un registre-journal des recettes et dépenses ; Un registre d'effectif du corps et de mouvement des hommes absens ; Un registre central des recettes ; Un registre central des dépenses ; Un registre de la masse de linge individuelle.
Par le capitaine d'habillement.	Un registre divisé en cinq parties pour les recettes et consommations des matières et effets confectionnés ; Un contrôle général des effets d'habillement, coëffure et grand équipement en service ; La matricule des effets de longue durée (c'est-à-dire d'une durée de plus de 6 ans), appartenant à l'habillement, au grand équipement et au harnachement.
Par l'officier d'armement.	Le contrôle général des armes en service.
Par les commandans d'escadron.	Un livre-matricule d'escadron ; Un livre de détail ; Un livret pour chaque homme de troupe ; Un livret pour chaque ordinaire.

D. Quelle est, pour un régiment de dragons et pour chaque grade, la fixation de la solde d'activité, des accessoires de solde et des fournitures de vivres, fourrages et chauffage, depuis le grade de colonel jusqu'à celui de dragon?

R. Toutes ces allocations sont déterminées par les tarifs joints aux réglemens en vigueur, dont extrait se trouve à la fin du présent recueil, sous les n.ᵒˢ 2, 3, 4, 9 et 10.

CHAPITRE II.

NOTIONS PRÉLIMINAIRES SUR L'ADMINISTRATION INTÉRIEURE DES ESCADRONS.

D. Quels sont les principaux devoirs des capitaines-commandans?

R. Les capitaines-commandans étant chargés de l'administration intérieure de leur escadron, sous l'autorité du conseil d'administration, sont responsables, directement envers lui, de l'emploi des sommes, des effets et des rations dont ils ont fourni récépissé.

Leur action et leur responsabilité s'étendent sur tous les détails relatifs à la solde, à la gestion de l'ordinaire, à la masse individuelle, aux subsistances, et à toutes les autres prestations en deniers et en nature qui peuvent être distribuées à l'escadron.

Ils sont pécuniairement responsables, sauf le recours contre qui de droit, de la valeur des trop-perçus, de quelque nature qu'ils soient; ils le sont aussi de toutes retenues illégales exercées sur la solde, s'ils les ont prescrites ou tolérées.

Pour tout ce qui a rapport à l'administration intérieure des escadrons, les commandans sont soumis à la surveillance immédiate du major.

D. Quels sont les divers registres de comptabilité et autres qui doivent être tenus dans chaque escadron ?

R. Ce sont : 1.° la matricule d'escadron, contenant les signalemens et services des officiers et de la troupe, et pour les sous-officiers et soldats le compte-ouvert de l'habillement, du grand équipement et de l'armement.

2.° Le livre de détail ou plutôt le livre des contrôles et comptes-courans, contenant les situations journalières, les contrôles des hommes et des chevaux, les mutations, le compte-courant de chaque homme, l'enregistrement de toutes les prestations tant en effets reçus du magasin qu'en argent, rations de vivres, fourrages et chauffage; enfin le compte des effets de casernement.

Indépendamment de ces deux documens, le réglement sur le service intérieur a prescrit la tenue de plusieurs autres petits registres ou cahiers, dont l'objet se rattache également aux principes de comptabilité intérieure; en voici le détail :

Un cahier pour les réparations en général;

Un livre destiné à la transcription des ordres du jour de la division et du régiment;

Un registre de punitions pour les sous-officiers et dragons;

Un contrôle présentant le degré d'instruction des hommes et les progrès de ceux illettrés qui sont envoyés à l'école régimentaire.

Il est tenu encore, pour obtenir la régularité et l'ensemble qui sont indispensables en administration, un cahier d'enregistrement des notes au moyen desquelles le major communique avec les commandans d'escadron pour tout ce qui se rapporte aux détails d'administration et de comptabilité intérieure.

Chaque chef d'ordinaire a ensuite à tenir un livret d'ordinaire, sur lequel doivent être inscrites les sommes reçues et dépensées pour la gestion de son ordinaire.

Enfin, chaque homme doit être porteur d'un livret, présentant son signalement, ses services, ses divers degrés d'instruction, l'état des effets en tous genres dont il est pourvu, avec les dates de mise en service, et le compte-ouvert de sa masse individuelle. Ce livret doit être arrêté le premier jour de chaque trimestre, signé du commandant d'escadron, et doit toujours être en rapport exact avec son compte particulier au livre de détail, dont il n'est que l'extrait.

D. Quel est l'ordre à suivre pour la tenue de la matricule d'escadron ?

R. Les officiers y sont classés par rang de grade ; les hommes, d'après l'ordre des numéros-matricules.

En cas de passage à d'autres escadrons ou de formation de détachemens de guerre, les feuillets sont remis aux escadrons ou détachemens dont font partie les hommes.

Les feuillets des hommes rayés de l'effectif, sont enlevés et remplacés par des feuillets blancs, dont le trésorier doit pourvoir l'escadron.

Les feuillets des hommes passant à d'autres corps, sont remis au major en même temps que l'état de situation de la masse individuelle, et ils doivent présenter par des unités, dans la dernière colonne, au revers, les effets laissés à ces hommes.

Les signalemens et services sont exactement copiés sur la matricule du corps à l'arrivée de l'homme. Le trésorier les collationne, et le major les vérifie.

Les inscriptions subséquentes pour rengagemens, promotions, absences illégales, désertion, jugemens, etc., se font au fur et à mesure des mutations, par les soins des commandans d'escadron, qui en sont responsables.

Les effets délivrés aux recrues se distinguent par effets bons et par effets neufs.

L'inscription des premiers se fait dans la 3.ᵉ colonne

du cadre au revers du feuillet , et pour les seconds, dans la colonne qui suit.

Les effets d'une durée moindre de 6 ans y sont marqués par l'indication du trimestre et de l'année de la mise au service ; ceux de longue durée ainsi que les armes , par l'indication du numéro de série affecté à l'effet ou arme, et par l'année de sa première distribution.

On suit la même marche pour les remplacemens ; seulement les inscriptions sont portées dans la colonne ouverte pour l'année dans laquelle ils sont opérés.

Il est assigné au cartonnage à vis de la matricule d'escadron une durée de 8 ans.

D. Quel est l'ordre à suivre pour la tenue du livre de détail ?

R. Ce livre est renouvelé au commencement de chaque année. Celui de l'année expirée est déposé aux archives du corps, où il doit rester 4 années avant d'être détruit.

Il doit être tenu à jour ; c'est la souche proprement dite de la comptabilité de l'escadron , comme la matricule est la souche de son administration en ce qui concerne le personnel en hommes , et le matériel en effets et armes qui s'y rapporte.

Tout retard , toute négligence dans la tenue de ce registre, peut être préjudiciable au commandant d'escadron et ouvrir la voie aux abus ; on ne saurait donc trop recommander qu'il y soit apporté la surveillance la plus grande et la plus sévère.

Le livre de détail contient 15 tableaux. En tête du livre est une instruction assez détaillée et à laquelle on doit toujours se rapporter ; aucun des tableaux n'est inutile ; tous ont des rapports directs, soit avec les contrôles annuels tenus dans le corps, soit avec la centralisation des comptes en deniers, soit enfin avec les comptes en matières.

Plusieurs de ces tableaux sont particulièrement destinés à éclairer chaque jour et à des époques périodiques les commandans d'escadron, sur leur gestion, et à leur donner la mesure de confiance qu'ils doivent accorder à leur comptable.

Par exemple, la situation *A* peut servir au commandant d'escadron, à contrôler les quantités de rations de vivres et fourrages comprises sur les bons d'une époque à une autre, en relevant le nombre d'hommes ou de chevaux qui ont été présens pendant l'intervalle que concernent ces bons.

La 2.ᵉ partie du tableau *D* est la souche du compte de chaque homme. Une omission d'inscription soit en recettes, soit en dépenses, sur le livret de l'homme, doit pouvoir toujours être redressée par son compte au livre de détail.

Le tableau *E* est un renseignement laissé au commandant d'escadron, pour qu'il connaisse l'état prospère ou décroissant de sa masse individuelle, le nombre d'hommes qui redoivent et qui appellent son attention particulière.

Le tableau *H* est le compte-courant du capitaine-commandant avec le conseil d'administration, pour les finances et les vivres qu'il perçoit à titre d'à-compte sur ses bons, jusqu'à la régularisation que doit en faire la feuille de journées du trimestre. Le capitaine y puise d'utiles renseignemens ; il peut, aussitôt l'établissement de la feuille de journées, faire des rapprochemens avec le total des prestations inscrites à ce tableau, connaître les plus ou moins perçus, et par là le degré de confiance qu'il doit mettre dans l'intelligence et le zèle de son maréchal-des-logis chef.

Le tableau *J* sert à vérifier si les ordinaires reçoivent exactement et dans la quotité voulue, les produits additionnels provenant des travailleurs en ville.

Le tableau *O* est le compte-ouvert aux effets de casernement. Il doit être à jour pour les recettes ou remises d'effets, et l'exactitude de ce compte doit particulièrement être l'objet de l'attention des capitaines, chaque fois que le fourrier cesse ses fonctions, afin que son remplaçant devienne, vis-à-vis de lui, responsable de ce matériel.

Le major s'assure, aussi souvent qu'il le juge nécessaire, mais particulièrement à la fin de chaque trimestre, que les tableaux du livre de détail sont tenus à jour, et que les arrêtés de compte sont en concordance avec les feuilles de masse individuelle.

D. Par qui les registres de comptabilité et autres doivent-ils être tenus?

R. Ils doivent être tenus par les maréchaux-des-logis chefs sous la direction de leurs capitaines.

Ces sous-officiers comptables sont aussi chargés de la confection des feuilles de journées et des feuilles de décompte de la masse individuelle à la fin de chaque trimestre, et généralement de toutes les écritures qu'entraîne le détail de l'administration de leurs escadrons.

Ils ont sous leurs ordres immédiats les fourriers et élèves-fourriers, qui sont en quelque sorte leurs secrétaires, et par qui ils se font aider dans la confection de toutes leurs écritures.

Les commandans des escadrons sont particulièrement responsables de la tenue des registres et des livrets de leurs escadrons, et du préjudice que la négligence ou l'inexactitude des enregistremens pourrait occasionner, soit aux militaires, soit à l'Etat.

Les commandans d'escadron sont encore responsables, et ceci est l'objet de toute leur attention, des effets d'habillement et de coëffure qu'ils auront laissé emporter par les militaires congédiés du service, réformés ou renvoyés, passés à d'autres corps ou se rendant en congé, en contravention aux instructions ministérielles qui ont déterminé pour chacune de ces mutations, la nature et le nombre des effets abandonnés aux hommes. (Voir cette nomenclature, état n.º 8.)

Mais il est bien entendu que cette responsabilité ne peut peser sur les commandans d'escadron, qu'autant qu'après avoir fait viser par le major, l'état du versement à effectuer en magasin des effets devant rentrer au service, ils ont laissé emporter ces effets ou ont négligé de les échanger contre d'autres de la durée déterminée selon le cas.

CHAPITRE III.

DE LA SOLDE.

D. Qu'entend-on par solde?

R. On entend par solde, le traitement pécuniaire de la troupe en général, ou celui de chaque militaire en particulier, de quelque grade qu'il soit.

D. Combien distingue-t-on de sortes de soldes d'activité?

R. Il y en a de deux sortes, savoir : la solde de présence et la solde d'absence.

La solde de présence comprend,

1.º La solde de station sur le pied de paix,

2.º La solde de route,

3.º La solde sur le pied de guerre.

La solde d'absence comprend :

1.º La solde de congé ou de semestre,

2.º La solde d'hôpital,

3.º La solde de semestrier à l'hôpital,

4.º La solde de détention,

5.º La solde de captivité.

D. De quelle époque un officier a-t-il droit à la solde d'activité?

R. Du jour où il est reçu sous les drapeaux, ou bien du jour où il se met en route pour se rendre à sa destination.

D. Quand cesse le droit à la solde d'activité?

R. Pour les officiers, le lendemain du jour où ils reçoivent l'ordre de quitter le service, étant démissionnaires, retraités ou réformés.

Pour les autres militaires, au jour de leur départ, comme libérés, retraités, réformés, renvoyés dans leurs foyers.

Cependant il est compté par exception, comme solde d'activité, la journée du 31 décembre à ceux rayés de l'effectif ce jour, comme ayant achevé leur temps de service.

L'officier démissionnaire, absent en congé avec solde au moment où sa démission est acceptée, ne peut prétendre à aucun rappel pour le temps de son absence du corps; cette créance fait retour à l'Etat.

D. A qui est acquise la solde d'activité due par l'Etat aux militaires au jour de leur décès?

R. Celle due aux officiers est payée, jusqu'au jour inclus du décès, aux héritiers ou ayant-droit.

Celle due, à quelque titre que ce soit, aux sous-officiers et soldats, est acquise à l'Etat; il en est de même pour ce qui peut être dû à tout militaire qui a déserté. En principe, il ne doit être fait aucun rappel de solde *ni produit de masse individuelle* à aucun sous-officier ou soldat mort, déserté, congédié définitivement, pensionné ou passé aux invalides, *tant en congé limité qu'à l'hôpital.*

D. De quelle époque l'officier qui monte à un nouveau grade, ou le sous-officier promu dans le corps au grade d'officier, doit-il être payé de la solde affectée à son nouveau grade?

R. Du jour de sa réception; mais s'il se trouve détaché pour cause de service, il en doit jouir à compter du jour où il a reçu l'avis de sa promotion. La réception de cet avis doit être constatée par le visa du sous-intendant militaire sur les lieux, et à son défaut, du commandant de la place.

D. De quelle époque l'officier qui monte à un nouveau grade, étant à l'hôpital ou absent par congé ou permission, doit-il être payé de la solde affectée à son nouveau grade ?

R. Du jour de sa sortie de l'hôpital du lieu, et du lendemain de sa rentrée au corps dans tout autre cas d'absence, ce qui est constaté par la date du visa du sous-intendant, apposé sur la pièce qui a autorisé l'absence.

Cependant si l'officier, dans la position ci-dessus prévue, reçoit avec l'avis de sa promotion l'ordre de se rendre sans délai à sa destination, et s'il l'exécute, il entre en droit de la solde de son nouveau grade du jour de son départ.

D. De quelle époque un homme promu à un nouveau grade, dans la classe des sous-officiers, doit-il être payé de la solde affectée à son nouveau grade ?

R. Du jour de sa réception.

D. Comment doit être payé l'officier passant d'un corps dans un autre par l'effet d'une promotion ?

R. Il doit être payé, à son ancien corps, de la solde affectée à son ancien grade, jusqu'au jour exclusivement de son départ, et rappelé, après son arrivée et sa réception à son nouveau corps, de la solde affectée à son nouveau grade, à compter du jour de son départ.

D. Comment doivent être payés les sous-officiers et soldats se trouvant dans la même position ?

R. Ils doivent être payés de la même manière que l'officier, en observant que le rappel à faire dans leur nouveau corps, doit être établi sur le pied de la solde, sans vivres d'aucune espèce.

D. De quel jour les hommes morts ou désertés cessent-ils d'avoir droit à la solde ?

R. Du lendemain du jour de leur mort ou de leur désertion.

D. Tout militaire s'absentant *sans autorisation légale* de son corps pour se faire traiter ailleurs qu'aux hôpitaux, ou pour tout autre motif, a-t-il droit à une solde quelconque ?

R. Non.

D. Les sous-officiers et soldats remis entre les mains de la gendarmerie pour faute contre la discipline ou pour d'autres motifs, ont-ils droit pendant leur absence du corps, dans cette position, à une solde quelconque ?

R. Non.

D. De quel jour l'engagé volontaire entre-t-il en jouissance de la solde de présence ?

R. Du jour de son arrivée si l'engagement a été contracté dans la place où se trouve le corps en garnison;

Et du lendemain si l'engagé volontaire vient d'un autre lieu, et s'il a reçu une feuille de route donnant droit à l'indemnité.

D. De quel jour le jeune soldat incorporé acquiert-il le même droit ?

R. Du jour de son arrivée, s'il provient du recrutement fait sur le lieu de résidence du corps, et du lendemain s'il est venu en détachement, ou bien isolément, avec feuille de route, ayant droit à l'indemnité.

Les jeunes soldats formés en détachement reçoivent, à dater du jour de leur réunion en détachement et jusqu'à leur arrivée au corps, 55 c. par jour et le pain. Ces prestations tiennent lieu de l'indemnité de route et sont régularisées par la revue du corps, mais elles restent étrangères à la comptabilité intérieure des escadrons.

D. Quand les enfans de troupe entrent-ils en solde ?

R. Du jour de leur admission, qui doit être constatée par le visa du sous-intendant, apposé sur le titre en vertu duquel ils sont admis.

D. Comment sont traités les officiers, sous-officiers et soldats qui, étant en semestre ou en congé, sont rappelés avant l'expiration de leur semestre ou congé?

R. Ils sont payés à leur rentrée au corps et à compter du jour où ils se sont mis en route pour rejoindre; savoir : les officiers de la solde de présence, les sous-officiers et soldats de la solde, sans vivres d'aucune espèce; ils ont droit de plus à l'indemnité de route.

D. Quelle est la solde allouée aux militaires appelés en témoignage devant les tribunaux civils ou les conseils de guerre?

R. Ils sont rappelés à leur retour, savoir : les officiers de la solde de présence en station, les sous-officiers et soldats de la solde, sans vivres d'aucune espèce.

D. Quelles sont les justifications à faire dans le cas ci-dessus?

R. Rapporter un certificat délivré par le président du tribunal, constatant le jour où la présence a cessé d'être nécessaire.

D. Est-il accordé une solde aux sous-officiers et soldats employés comme garnisaires?

R. Oui, ils sont rappelés à leur rentrée, de la solde, sans vivres d'aucune espèce.

D. Quelle espèce de solde est allouée à tout sous-officier ou soldat voyageant isolément pour objet de service?

R. La solde, sans vivres d'aucune espèce, et de plus l'indemnité de route.

Les hommes envoyés en ordonnance à plus de 6 lieues du corps, ont droit à cette solde, ainsi qu'à l'indemnité de route pour une étape.

D. Dans quel cas la solde de route est-elle due?

R. Elle n'est due qu'à des corps ou détachemens en marche; pour former un détachement, il faut être au moins six hommes réunis du même corps; cependant le détachement qui aura été réduit en route au-dessous de ce nombre, continuera à recevoir la solde de route jusqu'à destination.

D. Comment est allouée cette solde?

R. Elle est allouée pour toutes les journées de marche ou de séjour, y compris le jour de départ jusqu'à celui de l'arrivée à destination inclusivement. Néanmoins elle n'est point allouée pour un mouvement de troupe qui n'exigerait qu'un jour de marche, bien que ce mouvement eût pour objet un changement de destination.

Toute troupe voyageant dans la circonscription d'une armée ou d'un rassemblement sur le pied de guerre, ne peut prétendre à la solde de route.

D. Dans quel cas la solde sur le pied de guerre est-elle accordée, à quelle époque est-elle payée, et quand cette solde doit-elle cesser de l'être?

R. Aucune troupe ne peut jouir de la solde de guerre, ni passer du pied de guerre au pied de paix, qu'en vertu d'une décision spéciale du Roi. Pour toucher cette solde, il faut faire partie d'un rassemblement de troupe mis sur le pied de guerre, ou de la garnison d'une place en état de siége; alors on commence à en jouir du jour où on dépasse la frontière, si l'armée ou le rassemblement se trouve hors du royaume; et dans le cas contraire, c'est à compter du jour de l'arrivée au lieu de destination.

Quand cette même troupe reçoit l'ordre de quitter l'armée, elle cesse d'avoir droit à la solde de guerre, à compter du jour où elle passe la frontière; et si l'armée se trouve dans l'intérieur du royaume, à compter du jour de son départ.

D. Combien y a-t-il de sortes de congés?

R. Il y en a de trois espèces, qui sont :

Les congés de semestre,

Les congés de convalescence,

Les congés temporaires,

Les congés de faveur.

Il y a aussi de petites permissions d'absence, mais elles ne peuvent pas excéder le terme de huit jours, sans être autorisées par des congés; elles sont avec solde.

NOTA. Une décision du 22 février 1829 autorise les lieutenans-généraux à accorder aux colonels, lieutenans-colonels, chefs d'escadron et majors, des permissions de 15 jours, mais *sans solde*.

D. Comment se calcule la durée d'un congé ou d'une permission?

R. Le temps de l'aller et du retour sont compris dans celui de la durée de la permission ou du congé.

D. Par qui sont accordés les congés?

R. Les congés de semestre sont accordés par les inspecteurs-généraux, lors de leur revue d'inspection. Les congés de convalescence sont accordés par les lieutenans-généraux commandant les divisions, sur la production des certificats de visite et contre-visite des officiers de santé.

On entend par congés temporaires ceux délivrés pendant la saison des semestres; et par congés de faveur, ceux délivrés hors cette saison.

Les uns et les autres peuvent être accordés par les lieutenans-généraux commandant les divisions, mais la durée des congés de faveur ne peut être de plus d'un mois. Au ministre seul est réservée la faculté d'autoriser une absence plus longue. Dans quelque cas que ce soit, les colonels, lieutenans-colonels, majors, officiers d'habillement, trésoriers et chirurgiens, ne peuvent s'absenter plus de 15 jours sans un congé spécial accordé par le ministre.

D. Quelles sont les formalités à remplir par tout militaire avant son départ pour congé ou permission d'absence ?

R. Il doit se présenter en personne chez le sous-intendant militaire, s'il est sur les lieux, pour faire viser son congé ou sa permission; en cas d'absence de ce fonctionnaire, la formalité est remplie par le commandant de place.

D. Quelles sont les justifications indispensables à faire par les sous-officiers et soldats, à leur rentrée de congé?

R. Les sous-officiers ou soldats en congé de semestre ou autre, qui, à leur retour, ne rapporteraient pas un certificat de bonne conduite délivré par le maire de la commune où ils ont résidé, seraient privés de tout rappel pour le temps de leur absence.

D. Quelle est la solde accordée aux militaires en congé de semestre, en congé de convalescence, en congé temporaire pendant la saison des semestres, ou en permission d'absence ne dépassant pas 8 jours?

R. C'est la solde fixée par les tarifs. (*Voir le tarif n.° 2.*)

Nul militaire ne peut être absent plus de 6 mois, en vertu de congés successifs délivrés à titre de convalescence, sans en obtenir l'autorisation du ministre. Après ce temps le droit à la solde cesse, à moins que le ministre n'en ordonne autrement.

Les militaires en congé de faveur n'ont droit à aucune solde, à moins que les ordres de congé n'expriment formellement qu'ils jouiront de la solde de congé.

Toute prolongation de semestre, de congé de faveur ou de permission, entraîne de droit la privation absolue de toute solde pendant la durée de la prolongation.

Les congés accordés pour aller en pays étrangers sont sans solde.

D. Comment se paie la solde de congé?

R. Cette solde ne peut être payée au militaire pendant

la durée de son congé, à moins d'une décision contraire du ministre; il n'en est rappelé qu'à son retour au corps.

S'il reçoit une autre destination pendant la durée de son congé, le rappel est effectué à sa nouvelle destination.

Tout officier en congé ou en semestre, ayant la faculté de rentrer à son corps avant l'expiration de son congé, recouvre ses droits à la solde d'activité le lendemain de son retour; cependant ce serait à tort qu'on en concluerait qu'un officier qui aurait obtenu un congé de semestre lors de l'inspection, serait libre de différer son départ à volonté. Le ministre de la guerre a décidé à cet égard que tout officier qui aurait demandé un congé de semestre, sera à la solde de congé à dater du jour où il doit partir, à moins qu'il ne renonce à son semestre.

D. Dans le cas de changement de garnison, quelle est la position des semestriers et des militaires en congé?

R. Ils sont considérés comme rendus à leur poste, quand, n'ayant point été informés à temps de ce mouvement, ils arrivent à l'ancien lieu de garnison à l'expiration de leurs congés. Ils ont droit, à partir de ce jour, à la solde entière et à l'indemnité de route.

S'ils ont été informés à temps du mouvement du corps, ils doivent se diriger sur le lieu de la nouvelle garnison, et ils rentrent en jouissance de la solde de présence du lendemain de leur arrivée dans ce lieu, lors même qu'ils y devanceraient le corps; néanmoins il leur suffit d'y être rendus en même temps que le corps.

D. Un militaire rentrant au corps après l'expiration de son congé ou de sa permission, a-t-il droit également au rappel de sa solde pendant son absence?

R. Non, à moins que son retard n'ait été causé par maladie, ce dont il est tenu de justifier par des billets de sortie d'hôpitaux en bonne forme, ou s'il n'a pu se faire traiter dans les hôpitaux, par des certificats des médecins et chirurgiens des hôpitaux militaires, et à leur défaut, par ceux des hospices civils de l'arrondissement; ces certificats sont soumis au visa motivé du sous-intendant ou du maréchal-de-camp commandant le département.

Ce militaire est également privé de tout rappel de solde pour le temps de son absence s'il rentre sans son congé (*).

D. Comment s'établit le rappel de solde d'hôpital pour un officier?

R. L'officier sortant de l'hôpital est rappelé, lors de son retour à son corps ou à son poste, sur la représentation de son billet de sortie, de la solde d'hôpital pour toutes les journées écoulées depuis et y compris le jour de l'entrée jusqu'à celui de la sortie exclusivement, et en comptant 3o journées pour chaque mois, quel qu'il soit.

S'il a été obligé de faire route pour se rendre à l'hôpital, il est rappelé en outre des journées de route, tant pour l'aller que pour le retour, sur le pied de la solde de station sans vivres de campagne.

A défaut de production de billet de sortie de l'hôpital, il n'a droit à aucun rappel pour le temps de son absence.

D. Comment est allouée la solde d'hôpital aux sous-officiers et soldats?

R. Les sous-officiers ou soldats allant aux hôpitaux, soit du lieu, soit externes, cessent d'avoir droit à la solde de présence, à compter du jour de leur départ;

(*) Les dispositions ci-dessus établissant la privation de tout rappel de solde de congé ou d'hôpital, etc., sont extraites du réglement du 19 mars 1823. Nous sommes d'avis qu'elles ne doivent recevoir leur application qu'autant qu'il y aurait une solde quelconque à rappeler, et qu'elles ne peuvent atteindre la prime journalière qui, depuis le

à leur retour ils sont rappelés du produit affecté à la masse individuelle depuis le jour inclus de leur admission à l'hôpital jusqu'à celui de leur sortie exclusivement.

Ceux qui rentrent de l'hôpital externe sont rappelés de la solde sans vivres pour l'aller et le retour.

nouveau système adopté pour la masse individuelle, est entièrement détachée de la solde.

Ainsi la perte du congé ou du billet d'hôpital ne doit point priver le militaire du rappel à lui faire de la prime journalière.

Avant le nouveau système cette disposition pouvait recevoir son application, mais aujourd'hui la masse individuelle supporte des dépenses calculées sur un produit annuel exact, dont le retranchement d'une partie doit nécessairement conduire à un débet.

Nous pensons donc qu'il faut considérer la perte du congé ou du billet d'hôpital comme celle de la feuille de route, et effectuer le rappel de la prime journalière après 6 mois.

On ne peut non plus priver un militaire en retard de rejoindre *après sa sortie de l'hôpital externe*, du rappel de la prime journalière pour le temps qui se rapporte à son séjour à l'hôpital, car, jusqu'à sa sortie, son absence du corps était *légale*.

De même, un militaire en congé de semestre ou autre, ou en permission, doit être considéré comme absent *légalement*, jusqu'au jour de l'expiration de son congé ou permission, et la seule perte à lui faire éprouver, si toutefois la prime journalière doit subir des retranchemens, ne doit, selon nous, porter que sur le temps écoulé depuis l'expiration des congé ou permission.

Notre avis enfin est que toutes les dispositions encore existantes qui donnent lieu à la privation d'un rappel de solde, dans tout autre cas que *celui de condamnation*, ne devraient point être appliquées à la prime journalière, qui ne fait plus partie de la solde et n'est donnée que pour entretenir des effets que l'homme use et détériore encore plus hors du corps que lorsqu'il est présent.

Malheureusement la législation est incomplète sur cette matière ; la décision ministérielle du 21 février 1830 qui a développé le nouveau système de la masse individuelle, s'exprime ainsi : « La prime journa— » lière sera allouée comme *la portion de solde* qui était applicable » *à l'ancienne masse de linge et chaussure.* »

De là une confusion telle que le droit est chaque jour en question, qu'aucune disposition n'est précise, et que dans chaque division militaire, l'intendance a un mode de procéder différent, ce qui jette l'administration des corps dans la perturbation.

Espérons que cette lacune n'échappera pas, et que le nouveau réglement, si impatiemment attendu, la remplira.   Dx.

S'ils ne rapportent pas de billet de sortie, ou bien s'ils ne rentrent pas dans le délai fixé par le billet ou la feuille de route, ils sont privés de tout rappel pour le temps de leur absence.

Tout sous-officier ou soldat qui a perdu sa feuille de route, ne reçoit aucun décompte de masse individuelle pendant six mois; ce n'est non plus qu'après ce délai qu'il lui est fait rappel des sommes qui lui reviennent, et qui, au besoin, sont versées à sa masse pour couvrir la dépense des effets de linge et chaussure qui ont pu lui être délivrés pendant sa route.

D. Les hommes de recrue ou les engagés volontaires admis dans les hôpitaux avant leur arrivée au corps ont-ils droit à un rappel quelconque, si, pour rejoindre, ils ont voyagé isolément?

R. Non.

D. Comment sont traités les militaires allant aux eaux?

R. Les militaires autorisés à aller prendre les eaux *dans les établissemens désignés à cet effet*, sont assimilés à ceux qui se rendent aux hôpitaux externes. Ils sont rappelés à leur retour au corps de la solde de présence en station pour le temps de l'aller et du retour, et de la solde d'hôpital pendant celui de leur séjour dans les établissemens des eaux.

Ils conservent leur solde de présence et l'indemnité de logement (*) dans le cas où, *faute de place dans ces établissemens,* ils ont été obligés de se loger à leurs frais, ce qui doit être constaté par un certificat du sous-intendant militaire.

Les officiers qui, en raison de leur maladie, ont besoin d'aller prendre les eaux dans les lieux où ils n'existe point d'établissement militaire, peuvent, en justifiant cette nécessité, y être autorisés par le minis-

(*) Décision spéciale du ministre de la guerre en réponse à une demande de M. l'intendant militaire de la 6.e division.

tre et conserver la solde de présence seulement ; mais pour être rappelés de leur solde ils doivent produire un certificat du médecin en chef de l'établissement, constatant le temps pendant lequel ils sont traités.

Ce certificat doit être visé par le maire.

D. Comment sont traités pour la solde les militaires qui, tombant malades étant en congé avec ou sans solde, sont admis dans les hôpitaux sur la présentation de leurs congés ?

R. A leur retour, ceux porteurs d'un congé avec solde, sont rappelés de la solde de semestriers à l'hôpital, pour tout le temps pendant lequel ils ont été à l'hôpital, et de la solde de semestre pour les journées antérieures à leur entrée, et pour celles postérieures à leur sortie.

Le militaire qui tombe malade étant en congé sans solde, peut être admis à l'hôpital ; dans ce cas, les officiers subissent, après leur rentrée au corps, sur leur solde courante, la retenue ordinaire pour le temps de leur séjour à l'hôpital.

Enfin le militaire qui, étant en congé avec solde ou sans solde, entre à l'hôpital pendant la durée de son congé et n'en sort qu'après l'expiration de ce même congé, est considéré comme ayant été en semestre, en congé de faveur ou de convalescence, pour tout le temps écoulé depuis sa sortie de l'hôpital jusqu'au jour inclus de sa rentrée au corps.

D. Comment sont payés les militaires mis en jugement ?

R. Les officiers reçoivent pendant le temps de leur détention et jusqu'au jour du jugement définitif, le tiers de leur solde sur le pied de paix. S'ils sont acquittés, ils sont rappelés, après leur retour au corps, du surplus de leur solde pour tout le temps de leur détention ; s'ils sont condamnés, ils n'ont aucun droit à ce rappel.

S'ils viennent à mourir avant leur jugement, les héritiers ont droit au rappel auquel les officiers auraient eu droit eux-mêmes s'ils avaient été acquittés.

A l'égard des sous-officiers et soldats, ils ne reçoivent aucune solde pendant le temps de leur détention; mais s'ils sont acquittés, ils sont rappelés, à leur retour au corps, de la solde de semestre pour tout le temps de leur absence; s'ils sont condamnés, ils n'ont droit à aucun rappel.

D. Quand la solde de captivité est-elle due?

R. La solde de captivité est due à tout militaire fait prisonnier de guerre, à dater du lendemain du jour où il est tombé au pouvoir de l'ennemi jusqu'au jour exclus de sa rentrée en France. *(Voir le tarif n.º 2.)*

A sa rentrée en France il lui est payé à titre d'à-compte, à la première résidence de sous-intendant militaire, deux mois de solde s'il est resté ce temps et plus au pouvoir de l'ennemi.

D. Les militaires arrivant au corps doivent-ils être présentés au sous-intendant?

R. Tout officier arrivant au corps, soit pour la première fois, soit après une absence quelconque, est tenu de se présenter, aussitôt après son arrivée, chez le sous-intendant militaire, s'il est sur les lieux; s'il n'y est pas, chez le commandant de place.

Le sous-intendant, et, en son absence, le commandant de place, vise les pièces qui lui sont présentées.

Tout sous-officier ou soldat qui arrive au corps, soit pour la première fois, soit après une absence quelconque, doit être, dans les vingt-quatre heures de son arrivée, présenté au sous-intendant s'il est sur les lieux, par le fourrier de l'escadron auquel il est destiné, à l'effet d'être aussitôt porté présent sur le contrôle dudit escadron, de la date de sa présentation.

Dans les places où il ne se trouve pas de sous-intendant, cette présentation doit être faite au commandant de place, et, à défaut de ceux-ci, aux sous-préfets ou maires.

D. Quelle est l'indemnité accordée aux militaires voyageant isolément?

R. L'indemnité de route est remplacée aujourd'hui, pour les officiers, sous-officiers et soldats, par une indemnité unique pour chaque grade,

SAVOIR :

Colonel......................	5 f	»» c	
Lieutenant-colonel...........	4	5o	
Chef d'escadron..............	4	»»	
Capitaine	3	»»	Par gîte d'étape et par journée de séjour.
Lieutenant...................	2	5o	
Sous-lieutenant..............	2	5o	
Adjudant-sous-officier	1	5o	
Sous-officier	1	25	
Brigadier et soldat	1	»»	

CHAPITRE IV.

DES ACCESSOIRES DE LA SOLDE, DES HAUTES-PAIES, ET DES FRAIS DE BUREAU.

D. N'est-il pas accordé un supplément de solde pour ancienneté de grade aux officiers de santé et aux vétérinaires?

R. Les officiers de santé des corps ont droit à l'accroissement de solde déterminé par le tarif, à dater du jour où ils ont atteint leur dixième, vingtième ou trentième année de service dans le grade qu'ils occupent, mais ils ne peuvent toucher ce supplément qu'en vertu d'une décision spéciale du ministre de la guerre. Les mêmes dispositions sont applicables aux maréchaux-vétérinaires qui ont atteint leur dixième ou vingtième année de service dans ce grade.

D. Qu'entend-on par supplément à la solde de route, et comment s'acquiert-il?

R. Le supplément à la solde de route est accordé pour les distances parcourues dans un même jour en sus de la première, et il n'est alloué aux corps et détachemens, qu'autant que le mouvement a eu lieu d'après un ordre spécial du ministre de la guerre, et, en cas d'urgence, du général commandant sur les lieux. *(Voir ci-après le tarif n.° 3.)*

Une troupe transportée par relais a droit à ce supplément, mais il ne peut être alloué à celle transportée par eau.

D. Quels sont les militaires qui sont susceptibles de jouir du supplément de solde pour résidence dans Paris?

R. Ce supplément est accordé indistinctement à tous les officiers jusqu'au grade de colonel inclusivement, et aux sous-officiers et soldats, mais il ne peut être payé qu'à ceux en service dans cette place, ou dans celles de Vincennes, Bicêtre, St.-Denis, Courbevoie, Ruel et Neuilly. En conséquence, les militaires qui se trouveraient à Paris ou dans la banlieue en mission ou en congé, et les militaires en service à Paris ou dans la banlieue qui entreraient aux hôpitaux, n'y ont pas droit pour les journées pendant lesquelles ils se trouveraient dans ces positions.

D. Comment sont traités, sous le rapport du supplément de solde à leur allouer, les militaires détachés extraordinairement au service du recrutement?

R. Les militaires en activité de service qui sont détachés extraordinairement au service du recrutement et pour la conduite des hommes de nouvelles levées, ont droit, pendant le temps qu'ils sont employés à ce service, savoir :

Les officiers à un 5.° en sus de leur solde;

Les sous-officiers et soldats à un supplément fixé comme il suit, et pour chaque jour :

Sous-officiers	26 c.
Brigadiers	20
Soldats	10
Trompettes	15

D. Le militaire détaché en recrutement, qui entre à l'hôpital, continue-t-il d'avoir droit au supplément ci-dessus indiqué?

R. Non, le droit au supplément cesse du jour de son entrée à l'hôpital, et il est traité comme tout autre militaire en activité, entrant à l'hôpital externe.

D. A qui est due, dans un régiment, l'indemnité de représentation, et dans quel cas est-elle allouée?

R. Cette indemnité est due au colonel, lorsqu'il commande une partie quelconque de son corps; lorsque le colonel cesse de commander, l'indemnité est due au lieutenant-colonel qui le remplace.

En l'absence simultanée du colonel et du lieutenant-colonel, cette indemnité n'est due à personne.

Lorsqu'un colonel remplace provisoirement un maréchal-de-camp dans le commandement d'une subdivision ou brigade, il jouit de l'indemnité de représentation affectée à ce commandement, mais il ne peut la cumuler avec celle due à son grade.

Dans cette position, si le colonel commande une portion quelconque de son corps, l'indemnité attribuée au commandement du régiment, n'est due à personne.

D. Dans quelle position les officiers de cavalerie ont-ils droit à l'indemnité représentative de fourrages.

R. Cette indemnité est allouée aux officiers lorsqu'ils sont en mission, en congé avec ou sans solde, lorsqu'ils vont aux eaux, et qu'ils emmènent leurs chevaux avec eux, ce qui doit être constaté par un certificat du conseil d'administration du corps, visé par le sous-intendant militaire qui en a l'inspection.

La même disposition est applicable :

1.º A ceux nommés membres d'un tribunal militaire;

2.º A ceux rejoignant pour la première fois un corps, ou passant d'un corps dans un autre, ou bien d'une portion de leur corps à une autre portion.

Hors les cas ci-dessus spécifiés, les officiers ne peuvent recevoir l'indemnité représentative de fourrages.

D. Quelles sont les formalités à remplir pour avoir droit au rappel de l'indemnité représentative de fourrages ?

R. Une décision ministérielle du 24 octobre 1825, veut qu'il soit fait mention expresse, tant sur la feuille de route que sur le congé, que l'officier a emmené ses chevaux, et que l'on consigne de plus sur cette dernière pièce, ou sur toute autre autorisant l'absence, leur signalement complet. L'officier rendu à sa destination doit les présenter à l'intendant militaire ou à son suppléant, afin d'en faire constater l'existence et l'identité; et il doit remplir la même formalité et exiger le même visa au moment de son départ pour rejoindre, ainsi qu'à son arrivée au corps.

Tout officier rejoignant pour la première fois un corps, ou passant d'un corps dans un autre, est tenu de faire remplir les mêmes formalités au départ et à l'arrivée à destination.

D. Comment est décomptée l'indemnité représentative de fourrages ?

R. D'après le nombre de jours dont se compose chaque mois, depuis le jour du départ jusqu'à celui de l'arrivée inclusivement.

D. L'officier en retard de rejoindre a-t-il, malgré la privation du rappel de la solde, droit à l'indemnité représentative des fourrages ?

R. Non, il perd cette indemnité en même temps que sa solde.

D. Dans quelle position l'indemnité de logement est-elle due aux officiers ?

R. Cette indemnité n'est due qu'en station, dans l'intérieur du royaume, et lorsque les officiers ne sont ni campés, ni baraqués, ni logés dans les bâtimens militaires ou autres appartenant à l'Etat ; elle n'est acquise qu'à dater du lendemain de l'arrivée ou de la rentrée au corps.

Les officiers logés dans les bâtimens militaires non meublés, ont droit seulement à l'indemnité d'ameublement.

D. Comment les officiers sont-ils payés de cette indemnité, lorsqu'ils entrent aux hôpitaux, ou qu'ils vont en permission ou en congé, ou bien encore lorsqu'ils changent de destination ?

R. Ils doivent en jouir pour la quinzaine entière dans laquelle ils se sont absentés, sans qu'elle puisse leur être payée pour la même quinzaine, à leur nouvelle destination.

D. Les officiers envoyés en mission, en témoignage, en recrutement ou en remonte, sont-ils traités de même ?

R. Non, l'indemnité de logement doit continuer de leur être payée pendant la durée de leur mission ou de leur absence, s'ils sont rentrés dans les délais voulus.

D. Quand cesse le droit à l'indemnité de logement pour les officiers quittant le service par retraite ou réforme ?

R. A l'expiration de la quinzaine pendant laquelle ils quittent le service.

D. Quelles sont les règles prescrites pour l'allocation des supplémens aux indemnités de logement et d'ameublement accordés pour séjour à Paris ?

R. Les supplémens ou indemnités de logement et d'ameublement accordés pour le séjour à Paris, sont dus à tout officier ayant droit au supplément de solde dans cette place, s'il y est logé et meublé à ses frais ; mais ils ne sont point dus aux officiers des corps de troupe qui se trouvent stationnés à Bicêtre, Vincennes, St.-Denis, Neuilly et Courbevoie, pour le temps pendant lequel les officiers ne sont pas de service dans

Paris. Ces supplémens sont décomptés par quinzaine entière.

D. Le trésorier et l'officier d'habillement ont-ils droit en tout temps au supplément qui leur est accordé pour l'emplacement de leurs bureaux ?

R. Non, ce supplément ne leur est point alloué lorsqu'ils peuvent être logés dans les bâtimens de l'Etat, et il est réduit à moitié lorsqu'ils sont logés sans meubles.

D. L'officier qui refuserait de loger dans un bâtiment appartenant à l'Etat, pourrait-il prétendre à l'indemnité représentative ?

R. Non.

D. Dans quel cas les indemnités pour pertes d'effets et de chevaux sont-elles dues aux officiers ?

R. Les indemnités pour pertes d'effets ne sont dues qu'en temps de guerre. Il en était de même de celles pour pertes de chevaux ; mais une ordonnance royale du 1.er décembre 1824, porte que les officiers qui perdront des chevaux par des cas extraordinaires, et sans qu'il y ait de leur faute, recevront une indemnité pour les aider à se remonter.

D. Que prescrit à cet égard cette ordonnance du 1.er décembre 1824 ?

R. Cette ordonnance porte qu'il sera ajouté chaque année au budget de la guerre, une somme de 30,000 fr. à titre de fonds de secours ; que ce fonds servira à donner des indemnités aux lieutenans et sous-lieutenans de cavalerie qui perdront des chevaux par des cas extraordinaires, tels que la fracture d'un membre, la morve, les suites d'une maladie épizootique, etc. etc. La même ordonnance porte qu'il pourra être accordé de pareilles indemnités aux capitaines, mais pour un cheval seulement, dans le cas où ils viendraient à en perdre deux dans un délai de deux années ; enfin, que dans aucun cas, ces indemnités ne pourront dépasser, pour chaque officier, les deux tiers du prix de la remonte de l'arme, et qu'elles ne pourront être payées que sur une décision spéciale du ministre de la guerre.

D. Que prescrivent les réglemens à l'égard des indemnités pour pertes d'effets et de chevaux en temps de guerre?

R. L'indemnité pour perte d'effets n'est due qu'à l'officier qui, ayant été fait prisonnier de guerre autrement que par capitulation, et étant de retour des prisons de l'ennemi, reçoit l'ordre de rentrer immédiatement en campagne.

Le même officier reçoit à son retour des prisons, l'indemnité pour perte de chevaux, à raison de son grade, soit qu'il doive, ou non, rentrer immédiatement en campagne.

D. Quelles sont les formalités à remplir pour constater ces pertes?

R. Elles doivent être constatées par certificat du conseil d'administration, indiquant l'époque de la captivité et l'affaire où elle a eu lieu.

Ce certificat doit être vérifié par le sous-intendant militaire chargé d'ordonnancer le paiement de la solde des officiers qui ont éprouvé les pertes.

D. Les officiers ont-ils droit aussi à une indemnité pour les chevaux qui ont été tués dans une action de guerre?

R. Oui.

D. Comment cette perte doit-elle être constatée?

R. Elle doit l'être par un certificat qui indique la date et l'affaire où elle a eu lieu. Ce certificat est délivré par le conseil d'administration du corps, visé par le général commandant en chef l'armée, et doit être remis, sous peine de déchéance, dans les quinze premiers jours qui ont suivi l'évènement, au sous-intendant chargé d'ordonnancer le paiement de la solde des officiers qui ont éprouvé les pertes.

D. Quelles sont les allocations pour les indemnités de pertes d'effets et de chevaux à l'armée ?

R. Il revient :

	Pertes d'effets.	Pertes de chevaux.
Au colonel...............	900 f. »» c.	800 f. »» c.
Au lieutenant-colonel......	800 »»	800 »»
Au chef d'escadron........	700 »»	400 »»
Au capitaine..............	500 »»	400 »»
Aux lieut. et sous-lieuten...	400 »»	400 »»

D. A qui est due la première mise de petit équipement ?

R. Elle est due à chaque homme nouvellement admis dans un corps : le tarif a fixé cette première mise à 75 fr. pour les hommes admis dans la cavalerie.

D. Quels sont les hommes qui doivent être considérés comme hommes nouveaux ?

R. Ce sont :

1.° Les hommes de recrue,

2.° Les engagés volontaires,

3.° Les hommes rentrant des prisons de l'ennemi,

4.° Les hommes réadmis au service,

5.° Les déserteurs amnistiés,

6.° Les hommes sortant des dépôts des condamnés aux travaux publics ou au boulet.

Tout homme qui, en arrivant au corps, paraît susceptible de réforme, n'a droit qu'à la moitié de la première mise.

Le surplus lui est rappelé, s'il y a lieu, à la prochaine revue d'inspection.

Les hommes venant de l'infanterie et de tous autres corps de troupe à pied, par passage dans la cavalerie, ont droit à un supplément de première mise, fixé à 40 f.

Les hommes passant de la cavalerie dans l'infanterie, reçoivent un supplément de première mise, déterminé par les tarifs à 10 francs.

D. A quelle époque les enfans de troupe peuvent-ils avoir droit à la première mise de petit équipement ?

R. A l'âge de 14 ans, et lorsqu'ils sont admis comme trompettes.

D. Les enfans de troupe ayant moins de 14 ans, ont-ils droit à une indemnité?

R. Ceux admis à l'âge de 8 ans, et dont les parens sont morts ou éloignés du corps, ont droit à une indemnité annuelle de 18 fr., pour l'entretien de la chaussure et du linge. Cette indemnité leur est payée jusqu'à ce qu'ils aient atteint leur 14.e année.

D. Les gagistes-musiciens ou ouvriers ont-ils droit à la première mise de petit équipement?

R. Non, à moins qu'ils ne contractent un engagement pour un temps égal à celui déterminé par la loi.

D. Quelle est, pour un régiment de dragons, la gratification de première mise d'équipement accordée aux sous-officiers promus officiers, et quand est-elle due?

R. Cette gratification est due à tout sous-officier promu officier; elle est fixée à 950 fr., indépendamment du cheval que le sous-officier est autorisé à prendre dans la remonte, à son choix.

D. A qui est due la gratification d'entrée en campagne, et comment est-elle payée?

R. Tout officier qui reçoit l'ordre de se rendre à une armée active, stationnée dans l'intérieur ou hors du royaume, et qui aura exécuté cet ordre, a droit à la gratification affectée à son grade; mais cette gratification ne peut être payée que d'après un ordre du ministre de la guerre.

Dans le cours d'une même guerre, c'est-à-dire dans l'intervalle d'une paix générale à une autre paix générale, nul ne peut recevoir deux fois la gratification d'entrée en campagne affectée au même grade; mais à mesure qu'un officier avance en grade dans le cours d'une même guerre, il reçoit, s'il est à une armée active, le complément de la gratification affectée à son nouveau grade.

TARIF DE LA GRATIFICATION D'ENTRÉE EN CAMPAGNE.

Colonel..........................	1800 f »» c
Lieutenant-colonel	1200 »»
Chef d'escadron et major.............	1000 »»
Capitaine	700 »»
Lieutenant et sous-lieutenant..........	500 »»

D. En quoi consistent les hautes-paies accordées aux anciens sous-officiers et soldats?

R. Ces hautes-paies sont désignées sous les noms de hautes-paies de premier, deuxième et troisième chevron.

Les chevrons et les hautes-paies y attachées sont acquis aux sous-officiers et soldats, savoir :

Le chevron à sept ans révolus de service;

Le double chevron à onze ans;

Le triple chevron à quinze ans.

La haute-paie attribuée aux différentes classes de chevrons, est acquittable avec la solde journalière et à compter du jour où les hommes ont acquis le nombre d'années de service exigé pour en jouir.

Elle est décomptée pour chacun des jours dont se compose le mois; le militaire en conserve la jouissance dans toutes les positions qui lui donnent droit à une solde d'activité quelconque, et même lorsqu'il est en congé limité sans solde, les congés d'un an exceptés. Ceux qui sont faits prisonniers de guerre sont, à leur retour en France, rappelés de cette haute-paie, sans progression de classes, pour tout le temps de leur captivité.

D. Quel est le mode de procéder dans le calcul des services qui y donnent droit ?

R. Le temps fait par les hommes appelés ou leurs remplaçans, est calculé à partir du 1.ᵉʳ janvier de l'année où ils ont été immatriculés comme jeunes soldats; celui des engagés volontaires, à dater du jour de leur engagement.

Le temps passé dans des absences illégales ou en détention par suite de jugement, éloigne d'autant l'époque de l'admission à la haute-paie, ou de l'accroissement à cette haute-paie.

Il est tenu compte aux appelés et aux engagés volontaires du service actif qu'ils ont fait antérieurement à leur appel ou à leur engagement.

D. Les remplaçans ont-ils droit à cette faveur?

R. Non; mais si, après avoir achevé leur temps de service comme remplaçans, ils continuent à servir par l'effet d'un rengagement, le temps qu'ils ont fait, comme remplaçans, ainsi que celui antérieur passé au service, leur est compté comme service pour leur donner droit à la haute-paie dès l'expiration des 7.ᵉ, 11.ᵉ ou 15.ᵉ années.

D. Quelles sont les indemnités allouées pour frais de bureau dans un corps de cavalerie?

R. Autrefois les frais de bureau des corps étaient compris en dépense à la masse générale d'entretien, mais, depuis le 1.ᵉʳ janvier 1817, un abonnement a été réglé comme il suit pour un régiment de cavalerie à 6 escadrons :

Il est payé au major par année	300ᶠ »»ᶜ
— au trésorier	1600 »»
— au capitaine d'habillement	400 »»

Au moyen de cet abonnement, qui est acquittable par 12.ᵉ à chaque officier dénommé, le major et l'officier d'habillement pourvoient à l'achat et au remplacement des registres et imprimés mis à leur charge, et le trésorier au paiement des frais de bureau spéciaux accordés aux adjudans et fourriers; aux dépenses d'achat et de remplacement des livres d'escadron et de détails, des registres tenus pour l'administration et la comptabilité du corps; au remboursement des dépenses faites par les commandans de détachemens pour leur admi-

nistration; à l'emploi des feuilles de journées et de
situation des masses individuelles, etc. etc.; aux frais
que peut faire le capitaine-instructeur pour la tenue de
ses registres et de ses écritures.

D. L'abonnement des frais de bureau du trésorier
est-il invariable?

R. Non. En cas de séparation d'un ou plusieurs
escadrons s'administrant séparément, son abonnement
est diminué dans la proportion indiquée par l'instruction
du 24 janvier 1827, et de ce moment il est alloué à
l'officier-payeur ou à tout autre officier en faisant fonctions, un abonnement payable également par 12.ᵉ avec
la solde, et déterminé comme il suit, par les décisions
des 24 janvier 1827 et 23 juillet 1828 :

Pour 1 escadron	250 f	par an.
— 2 —	690	—
— 3 —	770	—
— 4 —	820	—
— 5 —	920	—
— 6 —	1020	—

D. Comment cet abonnement est-il décompté?

R. Il est décompté à la portion détachée depuis le
jour de sa séparation du corps ou du dépôt jusqu'à celui
inclus de sa rentrée.

D. Quelles sont les dépenses que doit supporter
l'officier-payeur?

R. Toutes celles que le trésorier aurait à supporter
sur son abonnement, pour l'administration de cette
portion détachée; l'officier-payeur pourvoit de plus à
l'achat des différens registres à tenir pour la comptabilité de son détachement.

D. Dans le cas d'absence autorisée, d'un officier jouis-
sant de l'abonnement de frais de bureau, à qui doit être
payé cet abonnement?

R. A l'officier qui remplit l'intérim, toutefois à la
charge par lui d'en compter au retour du titulaire, qui

ne cesse pas d'avoir droit à l'abonnement, et consé-
quemment de rendre à celui-ci les sommes restées dis-
ponibles après les dépenses opérées pendant l'absence.

D. Dans le cas de décès ou de changement de
destination d'un officier titulaire de l'abonnement de
frais de bureau, comment cet abonnement doit-il être
décompté ?

R. L'abonnement est réglé comme la solde jusqu'au
jour de la cessation d'activité, et le successeur est tenu
de prendre pour son compte les registres et les papiers
dans l'état où il les trouve.

CHAPITRE V.

DES MASSES.

D. Comment se forme la masse individuelle ?

R. La masse individuelle se forme de la somme allouée
pour première mise de petit équipement, aux hommes
nouvellement admis.

Cette masse s'entretient au moyen d'une prime journalière de 15 centimes allouée pour toutes les journées
de présence et d'absence légale, *comme la portion de
solde qui était applicable à l'ancienne masse de linge et
chaussure.* (Voir la note explicative page 56.)

Elle s'accroît encore, 1.° des versemens volontaires
faits par les sous-officiers et dragons pour compléter
leur masse ; 2.° des versemens faits pour le compte des
travailleurs ; 3.° des versemens extraordinaires et imprévus, tels que les sommes provenant des rappels
auxquels ont droit, après leur rentrée au corps, les
hommes envoyés comme garnisaires ou en témoignage, et
ceux en permission et en congé, lorsque leur masse est
incomplète et qu'ils ont besoin d'effets de petit équipement.

D. Quel est le complet de cette masse ?

R. Il est pour les sous-officiers, pour les brigadiers et dragons, de.................................... 55 fr.

Les adjudans-sous-officiers, les vétérinaires, les maîtres-ouvriers et gagistes n'ont pas de masse individuelle.

D. Quel est l'objet de cette masse ?

R. Elle est instituée à l'effet de pourvoir pour le compte individuel de chaque homme :

1.° A l'achat, à l'entretien et au renouvellement de ses effets de petit équipement, et de ceux dits *de petite monture*, dont la composition, le nombre et la durée sont indiqués par l'état n.° 5. *(Voir cet état.)*

2.° Aux réparations de l'armement, des effets d'habillement, de grand équipement et de harnachement, lorsqu'elles sont jugées devoir être mises à la charge des hommes.

3.° Au remboursement des pertes d'effets d'habillement, d'équipement, d'armement, de casernement ou d'hôpitaux, et aux dégradations ou dégâts faits par la troupe, soit dans les bâtimens militaires, soit chez l'habitant.

4.° A l'imputation du montant des avances faites en route.

D. Quel est l'objet de la feuille de situation de la masse individuelle ?

R. Son objet est de reprendre toutes les recettes et toutes les dépenses qui ont eu lieu dans chaque escadron pendant le cours d'un trimestre, de les faire ressortir dans cette feuille selon leur application et au nom de l'homme qu'elle concerne, afin de faire connaître, 1.° la situation de la masse de chaque homme au premier jour de chaque trimestre, 2.° l'excédant à lui payer à la même époque.

D. Quand et comment doit être établie cette feuille ?

R. Elle doit être établie au premier jour de chaque trimestre, pour le trimestre écoulé, être nominative, et contenir homme par homme :

1.º Son restant ou son redû à la masse au premier jour du trimestre écoulé ;

2.º Ses recettes pendant le même trimestre ;

3.º Ses dépenses pendant le même trimestre ;

4.º Enfin la situation de sa masse au dernier jour du trimestre.

Cette feuille ainsi établie par escadron, en minute et une expédition, signées l'une et l'autre du capitaine-commandant, est remise au trésorier pour les vérifications préalables. Le trésorier y joint les pièces à l'appui, et remet le tout au major, qui, après l'avoir vérifié, au moyen du rapprochement des recettes et des dépenses qui ont été comprises dans les écritures générales du corps pendant le trimestre afférent, remet la minute au capitaine, et envoie l'expédition au trésorier.

Ensuite est établi l'état des sommes à payer pour excédant de complet.

D. A quelle époque doit avoir lieu le paiement de cet excédant de complet?

R. Il doit avoir lieu quatre fois l'année, immédiatement après la confection et la vérification des feuilles de masse individuelle et sur l'autorisation du conseil.

Il est alors affiché dans chaque chambrée un état indiquant la somme à payer à chaque homme qui a un excédant, et présentant la situation de chaque fonds de masse au premier jour du trimestre.

D. L'excédant du complet de la masse, quel qu'il soit, doit-il être payé?

R. Non. S'il s'élève au-delà de 10 fr., il ne doit être payé que cette somme ; le surplus reste en dépôt.

D. N'est-il aucune précaution à prendre avant le paiement de l'excédant de complet?

R. Les commandans d'escadron doivent s'assurer que l'homme ne manque d'aucun des effets de petit équipement prescrits, et que depuis l'arrêté de la feuille de situation de masse, il n'a point supporté de dépenses qui devront excéder le produit du trimestre. Dans l'un ou l'autre cas l'excédant de complet, ou partie, doit être retenu et *versé* à sa masse.

D. Par qui et à quelle époque les comptes des hommes doivent-ils être vérifiés?

R. Le capitaine-commandant peut se faire présenter les livrets des hommes toutes les fois qu'il croira nécessaire de les vérifier; il est tenu de procéder à cette vérification et de les arrêter tous les trois mois, en présence de l'homme dont il devra signer le livret, et auquel il fera signer l'arrêté de son compte-ouvert, sur le registre d'escadron.

D. La masse de linge et chaussure des hommes ne doit-elle jamais être arrêtée qu'à la fin de chaque trimestre?

R. Lorsque des sous-officiers et soldats sont morts, faits prisonniers, partent pour l'hôpital ou en congé, désertent ou sont présumés déserteurs, le capitaine-commandant doit arrêter et signer le compte de leur masse, et en porter la situation exacte à la suite de la mutation qui les concerne.

D. Que deviennent les masses des hommes qui passent dans d'autres corps?

R. Les comptes des hommes passant dans d'autres corps doivent être arrêtés, et la somme dont ils restent créanciers à la charge de la masse individuelle, doit être envoyée à leur nouveau corps, par les soins du conseil d'administration; celle dont les hommes pourraient être débiteurs, doit être remboursée par le conseil d'administration, à leur nouveau corps.

D. Dans quels cas les militaires peuvent-ils prétendre au paiement de leur fonds de masse?

R. Lorsqu'ils sont promus officiers ou même au grade d'adjudant, ou qu'ils partent pour leurs foyers par congé de libération et de réforme, admission à la retraite et aux invalides.

D. Que deviennent les masses des hommes morts, condamnés à des peines afflictives, prisonniers de guerre, désertés ou renvoyés pour inaptitude au service?

R. Les masses des hommes morts, désertés, condamnés ou prisonniers de guerre, doivent être versées à la masse d'entretien d'habillement. Dans le cas où ces mêmes hommes se trouveraient redevoir à leur masse, c'est la masse d'entretien qui doit acquitter ce redû. Les masses des engagés volontaires, renvoyés pour inaptitude au service, ainsi que celles des jeunes soldats ou remplaçans recevant des congés de renvoi, sont versées au trésor.

D. Le maréchal-des-logis chef peut-il garder les livrets des hommes par-devers lui?

R. Il ne doit jamais garder les livrets par-devers lui, ni ajourner la distribution des effets qu'il reçoit; enfin il ne doit jamais rien recevoir pour les absens.

D. Quels sont les registres sur lesquels doivent être consignés les résultats de la feuille de situation de la masse individuelle?

R. Ces résultats doivent être portés au compte-ouvert de chaque homme, sur le registre de détail, ainsi que sur son livret, comme il a déjà été expliqué.

Le capitaine d'habillement remplit pour le peloton hors rang, toutes les formalités précédemment détaillées.

D. Où sont déposés les fonds de la masse individuelle?

R. D'après un arrêté du ministre de la guerre, en date du 16 novembre 1825, les fonds de masse individuelle sont déposés dans les caisses du trésor royal, à l'exception des sommes applicables aux besoins prévus.

D. Par qui est administrée la masse individuelle?

R. Par le conseil d'administration; aucune dépense ne peut être faite au compte de cette masse que d'après ses ordres spéciaux consignés au registre des délibérations. Toutefois la passation des marchés est exclusivement attribuée aux capitaines.

D. Peut-il être fait des avances en argent au compte des masses ?

R. Sous aucun prétexte le conseil ne peut autoriser des avances en argent aux sous-officiers et soldats sur les fonds de leur masse.

D. Quelle est la fixation de la masse d'entretien d'habillement, et quelles dépenses a-t-elle à solder ?

R. La masse d'entretien d'habillement est fixée à 6000 fr. par an, savoir :

Première portion affectée spécialement aux dépenses de la musique d'un régiment à 6 escadrons.... 2500 fr.

Seconde portion................................. 3500.

Cette seconde portion s'accroît, ainsi qu'il vient d'être dit, de la masse individuelle des hommes morts, désertés, condamnés ou prisonniers, et de plus, du produit de la vente des peaux de chevaux morts ou abattus. Son objet est de pourvoir aux réparations d'habillement, de coëffure et de grand équipement, aux traitemens des maladies légères, à l'achat et à l'entretien de plusieurs effets accessoires d'habillement et de grand équipement détaillés au tableau n.° 7 *(voir ce tableau)*;

Aux dépenses nécessaires pour entretenir les écoles d'enseignement mutuel et de sous-officiers; aux frais occasionnés pour l'établissement de l'école du tir, et au paiement des gratifications aux meilleurs tireurs;

Aux frais d'entretien des trompettes dont font usage les élèves formés dans les corps de troupes à cheval, limités à 70 fr. par an;

Aux dépenses que peut nécessiter l'établissement d'une école de natation, évaluées à 50 fr. par an;.

Enfin, à mettre à la disposition du chef de corps, une somme de 300 fr., pour subvenir aux dépenses éventuelles et imprévues.

D. Quelle est la fixation de la masse de harnachement et ferrage?

R. La masse de harnachement et ferrage est fixée, savoir : à 22 francs par cheval et par an, pendant le séjour d'un corps à Paris, et à 18 francs seulement dans tout autre lieu; elle s'accroît du produit de la vente des fumiers.

D. Quelles sont les dépenses à payer par la masse d'entretien de harnachement et ferrage?

R. Ce sont, 1.° la dépense du ferrage,

2.° Celle des médicamens,

3.° Celle des réparations du harnachement,

4.° Les frais d'entretien des ustensiles d'écurie,

5.° L'éclairage des écuries et des corridors du quartier,

6.° La location des forges,

7.° Les frais d'illumination le jour de la fête du Roi.

D. Comment ces dépenses sont-elles réglées?

R. Elles sont réglées par le conseil d'administration, et, autant que possible, par abonnement à raison d'un prix fixe par mois et par cheval.

D. Comment le ferrage des chevaux de troupe est-il payé?

R. Le ferrage des chevaux est réglé par le conseil d'administration, à raison d'un prix fixe par cheval et par mois; le maréchal-vétérinaire en premier est appelé pour débattre ce prix comme chargé de défendre les intérêts des maréchaux dont il est le chef.

Cet abonnement passé au prix de 90 centimes, est payable par mois et à terme échu, dans les mains du vétérinaire en 1.er, chargé de répartir les fonds. Il ne peut lui être acquitté qu'autant qu'il rapporte l'attestation des commandans d'escadron, du bon état d'entretien de la ferrure.

D. Comment se paient les dépenses des médicamens?

R. Les maréchaux-vétérinaires doivent leurs soins

aux chevaux du régiment ; le corps doit fournir les médicamens, à moins qu'il ne soit passé un abonnement avec le vétérinaire en premier pour cette fourniture, ainsi que cela est en usage dans le corps ; cet abonnement a été passé au prix de vingt-trois centimes par cheval et par mois ; le prix en est payé à la fin de chaque mois, sur des états visés par le major.

D. Comment sont payées les réparations de harnachement ?

R. Les réparations de harnachement sont payées au maître-sellier et au maître-armurier, soit d'après les tarifs ministériels, soit d'après un abonnement passé avec eux et approuvé par le sous-intendant militaire.

D. Comment se paient les dépenses pour frais d'entretien des ustensiles d'écurie et de leur éclairage ?

R. Sur abonnement, à raison d'un prix fixé par cheval et par jour, autant qu'il est possible de le faire ; sinon, sur mémoires acquittés par les marchands.

Ces dépenses sont d'ailleurs surveillées par l'officier adjoint à l'habillement, qui doit les certifier et les réunir dans un seul bordereau par mois, qu'il fait arrêter par le major.

D. N'existe-t-il aucune autre masse dans les régimens de cavalerie ?

R. Indépendamment des masses dont le détail précède, il existe aussi dans ces corps un fonds de réserve d'habillement, ou plutôt une masse créée au compte du service de l'habillement, au moyen de laquelle les adjudans, vétérinaires et maîtres-ouvriers demeurent chargés de pourvoir eux-mêmes à la première mise, ainsi qu'à l'entretien et au renouvellement de leur habillement, coëffure et grand équipement.

D. Comment est établie cette masse pour les adjudans ?

R. Un sous-officier promu adjudant, reçoit à titre de première mise 140 francs, et il conserve en toute propriété les effets dont il est pourvu, autres que ceux ci-après, dont il reste seulement dépositaire, savoir :

Le manteau, la giberne, le porte-giberne, le ceinturon et le cordon de sabre, le casque, le harnachement du cheval.

Il lui est payé par an une indemnité d'entretien, fixée à 100 francs; et, pour former sa masse, dont le maximum est de 120 francs, il supporte jusqu'à concurrence de cette somme, une retenue de 20 francs sur la première mise, et celle de 20 francs par année sur l'indemnité d'entretien.

D. Comment est établie la même masse pour les vétérinaires ?

R. Tout vétérinaire nommé dans un corps, sans que ce soit par l'effet du passage d'un corps à un autre, reçoit, à titre de première mise, 235 francs, pour se pourvoir à ses frais de l'uniforme complet, déterminé par la décision ministérielle du 31 décembre 1826, et dont le détail est ci-après. Il lui est payé par an une indemnité d'entretien, fixée à 72 francs. Sa masse ou fonds de réserve, dont le maximum est limité à 100 francs, est formé au moyen d'une retenue de 35 francs sur le paiement de la première mise, de celle de 35 francs sur la 1.re année d'abonnement, enfin, de celle de 10 francs sur chacune des années suivantes.

Il n'est rien alloué en plus au vétérinaire en 2.e, passant en 1.er

D. Comment est établie la masse ou fonds de réserve d'habillement des maîtres-ouvriers ?

R. Tout maître-ouvrier, admis définitivement dans un corps (celui venant d'un autre corps où il était maître-ouvrier, excepté), reçoit, à titre de première mise, 150 francs, pour se pourvoir à ses frais de l'uniforme déterminé par la décision ministérielle du 21 janvier 1828. (Voir ci-après le détail de cet uniforme.)

6

Il lui est payé par an une indemnité d'entretien, fixée à 70 francs ; sa masse est formée au moyen d'une retenue de 40 francs sur la première mise, et de 20 francs sur la première année d'indemnité et les suivantes, et jusqu'à concurrence de 80 francs, qui est le complet déterminé.

Les seuls effets ou armes à fournir des magasins aux vétérinaires et maîtres-ouvriers, se bornent au sabre d'uniforme du corps, qu'ils doivent entretenir en bon état.

D. A quelle époque l'indemnité d'entretien doit-elle être payée ?

R. A l'échéance de l'année, à partir du jour où le droit à la première mise a été constaté, et successivement d'année en année.

D. Y a-t-il des cas où cette indemnité d'entretien peut être décomptée pour moins d'une année ?

R. Oui : le titulaire admis à la retraite, fait officier, ou passant d'un corps dans un autre, a droit au décompte de cette indemnité d'entretien jusqu'au jour inclus de son départ ; celui réformé, renvoyé ou cassé de son grade, n'a droit à aucun décompte, quel que soit le temps écoulé depuis le dernier paiement qui lui a été fait ; à plus forte raison, en cas de décès, le décompte n'a point lieu.

D. Le fonds de réserve d'habillement, formé au moyen des retenues ci-dessus mentionnées, doit-il toujours rester déposé dans la caisse du corps ?

R. Non : ce fonds de réserve devient la propriété du titulaire, et lui est payé après 10 années, dans le grade ou l'emploi qui a donné lieu à sa formation ; mais si avant ce délai, le titulaire est démissionnaire, réformé ou cassé de son grade ou emploi, le fonds de réserve, quel qu'il soit, est versé à la masse générale d'entretien, moins les sommes nécessaires au complet de l'équipement et de la nouvelle masse individuelle à former à ceux devant continuer à servir comme sous-officier ou dragon.

D. Quelle destination doit-on donner au fonds de réserve d'habillement d'un adjudant, vétérinaire ou maître-ouvrier, décédé avant 10 ans de service ?

R. Ce dépôt fait retour à l'État par un versement que le corps doit en faire à sa masse générale d'entretien ; de plus, les effets dont le titulaire était pourvu par achat fait sur sa masse, doivent avoir la destination qu'on assigne, en pareil cas, au petit équipement des sous-officiers et soldats, c'est-à-dire, versés en magasin pour être livrés au domaine.

D. Quel est l'uniforme des vétérinaires ?

R. Un manteau en drap gris de fer,

Un habit long de même drap, deux boutonnières en or au collet, pour le vétérinaire en 1.ᵉʳ, une seule pour le vétérinaire en 2.ᵉ,

Une redingote de même drap,

Un pantalon d'ordonnance, } de même drap,
Un pantalon de cheval,

Un pantalon de coton et un caleçon,

Un bonnet de police en drap gris de fer,

Une paire de gants sans paremens,

Bottes d'uniforme,

Un porte-manteau de la couleur de celui affecté à la troupe,

Un ceinturon de sabre de cavalerie légère, et une dragonne.

D. Quel est l'uniforme des maîtres-ouvriers ?

R. Un frac semblable à celui des adjudans, avec les galons de maréchal-des-logis,

Une redingote de drap vert,

Une veste de travail, même drap,

Un pantalon d'ordonnance,

Un bonnet de police, } pareils à ceux des sous-officiers,

Un porte-manteau,

Pantalon de toile et caleçon ,

Chapeau avec pompon ,

Paires de gants ,

Paires de bottines ,

Ceinturon de sabre et dragonne , comme les sous-officiers.

CHAPITRE VI.

DE LA DESTINATION ET DE LA DISTRIBUTION DES FONDS PERÇUS POUR LA SOLDE.

D. Comment se paient les appointemens des officiers ?

R. La solde est distribuée aux officiers par le trésorier, pour le mois échu , dès le lendemain du jour qu'il a reçu les fonds pour ce paiement, et à l'heure indiquée par le commandant du corps.

Ce paiement s'effectue d'après une feuille nominative d'émargement que le trésorier dresse pour chaque mois.

Les officiers présens apposent leur quittance en marge de la feuille; ceux détachés dans le département où réside le corps , envoient des quittances individuelles, qui demeurent annexées audit état.

Nul officier ne peut signer pour un autre, à moins qu'il ne soit porteur d'une autorisation donnée sous seing-privé par le titulaire, et légalisée par un sous-intendant; dans ce cas, l'autorisation est jointe à la quittance ou à la feuille d'émargement.

D. Quelle destination donne-t-on aux sommes revenant aux officiers décédés ?

R. Les sommes dues, en vertu de droits constatés, à des officiers décédés à leurs corps , sont versées dans les caisses publiques, au compte de la caisse des dépôts et consignations, au plus tard dans le trimestre qui suit celui du décès , si les héritiers ne se sont pas présentés et n'ont pas justifié de leurs droits dans cet intervalle.

Ces versemens s'opèrent d'après un bordereau arrêté en double expédition, et visé par le sous-intendant militaire, et en suivant la marche tracée par l'instruction ministérielle du 29 août 1829.

Il est fait sur le bordereau mentionné ci-dessus, déduction des dettes de l'officier décédé, soit envers le département de la guerre, soit envers le corps; dans ce dernier cas, la légitimité des dettes devra préalablement être reconnue par le sous-intendant militaire, et constatée par son visa.

D. Pour combien de jours doit-on faire le prêt, et quelle est la pièce comptable à établir?

R. Le prêt se fait de cinq jours en cinq jours, savoir: les 1.er, 6, 11, 16, 21 et 26 de chaque mois; le dernier état de prêt est pour 3, 4, 5 ou 6 jours, selon que le mois a 28, 29, 30 ou 31 jours.

Le prêt est payé par le trésorier sur des états certifiés par les commandans des escadrons et du peloton hors rang, visés par les officiers de semaine, et quittancés par les maréchaux-des-logis chefs.

D. Ces états de prêt ne comprennent-ils que la solde?

R. Ils comprennent aussi la haute-paie journalière à l'ancienneté, et les indemnités de vinaigre ou eau-de-vie, lorsque ces distributions extraordinaires ne sont point faites en nature.

D. Quelle est la portion appartenant à l'ordinaire?

R. La portion à verser à l'ordinaire est prélevée sur la solde; elle est de 30 centimes, et peut être portée jusqu'à 35, si la cherté des vivres ou d'autres circonstances l'exigent. Les indemnités perçues pour vinaigre ou eau-de-vie y sont toujours versées intégralement.

Le surplus de la solde devient deniers de poche, et est remis individuellement aux hommes à terme échu, en même temps que la haute-paie journalière.

Les sous-officiers et enfans de troupe ne faisant point

partie des ordinaires, reçoivent la totalité de leur solde, mais toujours à terme échu.

D. Comment doit-on agir pour les hommes quittant l'escadron par libération, réforme, etc. etc., ou s'absentant légalement ?

R. Le capitaine doit leur faire payer les deniers de poche, et, s'il y a lieu, la haute-paie journalière, jusqu'au jour exclus de leur départ.

D. Par qui doivent être gérés et surveillés les ordinaires dans les chambrées ?

R. Ils doivent être gérés et surveillés ainsi qu'il est prescrit par les articles 279 et suivans de l'ordonnance du 13 mai 1818, et l'on doit se conformer au modèle de livret d'ordinaire joint à la circulaire ministérielle du 31 octobre 1828, sauf le changement nécessité par l'inscription *journalière* des fonds remis au chef d'ordinaire.

D. N'existe-t-il aucune recette extraordinaire, indépendamment de la portion de la solde versée à l'ordinaire ?

R. Les fonds de l'ordinaire s'accroissent :

1.° D'un supplément de 5 centimes versé par les sous-officiers, quand ils vivent à l'ordinaire des soldats ;

2.° Du montant des deniers de poche et de la haute-paie dus à des déserteurs, jusqu'au jour inclus qu'ils ont manqué à l'appel ;

3.° Du prélèvement de 5 centimes par jour sur la solde des travailleurs en ville ;

4.° Du prix payé par les travailleurs pour leur service, lorsqu'ils roulent sur l'ordinaire ;

5.° De la retenue faite aux hommes punis de la prison, de la salle de police ou du cachot ;

6.° Du prélèvement de 10 centimes par jour fait sur le rappel de solde dû aux garnisaires ;

7.° De ce qui revient aux hommes rentrés de permission, si ce versement n'a pas dû être fait au profit de leur masse.

D. Comment s'établit une feuille de prêt?

R. La feuille de prêt doit contenir sommairement le nombre d'hommes présens, divisés par grades, et sommairement le nombre des absens; elle doit présenter les mutations qui ont eu lieu d'un prêt à l'autre, et le décompte auquel elle donne lieu, tant pour la solde que pour la haute-paie journalière; elle doit porter, en toutes lettres, la somme à recevoir, et dont elle sert de quittance.

D. A qui doit être payé le prêt?

R. Au maréchal-des-logis chef, par le trésorier, en présence de l'officier de semaine.

D. Que doit faire le maréchal-des-logis chef?

R. Il doit déposer entre les mains du capitaine le montant du prêt immédiatement après l'avoir touché.

D. Quelle est la marche à suivre par le capitaine pour l'emploi du prêt?

R. Il charge le maréchal-des-logis chef de donner chaque jour au chef d'ordinaire l'argent nécessaire pour les dépenses du lendemain; et le jour où il reçoit le prêt, il lui remet de plus la solde des sous-officiers, celle des hommes ne vivant pas à l'ordinaire, celle des enfans de troupe, les deniers de poche et les hautes-paies journalières acquis pendant les cinq jours précédens; d'où il suit que le capitaine est toujours dépositaire d'un prêt à l'autre, 1.° de l'argent revenant à l'ordinaire en tant qu'il n'a pu encore être employé, 2.° de la solde des sous-officiers et enfans de troupe; des deniers de poche et des hautes-paies journalières pour un prêt entier; ce qui lui permet, dans le cas d'augmentation de l'effectif du 1.er au 5, du 6 au 10, etc., de faire des avances à l'ordinaire.

D. Quelles sont les obligations imposées au maréchal-des-logis chef après la remise des fonds par le capitaine ?

R. Le maréchal-des-logis chef doit distribuer sans retard la somme qui vient de lui être remise pour la solde, les deniers de poche et la haute-paie journalière, et comme le prescrit le réglement sur le service intérieur.

Il remplit ensuite et il arrête le cadre présentant le droit de l'ordinaire pour les cinq jours écoulés; l'officier de semaine doit être présent, et il doit vérifier l'exactitude de ce compte. Cette opération étant achevée, le maréchal-des-logis chef remet au chef d'ordinaire l'argent qui lui est destiné pour subvenir à la dépense du lendemain, et il en fait, en présence de celui-ci, inscription sur le livret. Il doit en être de même pour les jours suivans, jusqu'à la clôture du prêt.

D. L'administration des ordinaires est-elle soumise à la surveillance du conseil d'administration du corps ?

R. Les attributions des conseils d'administration des corps ne peuvent s'étendre à l'administration des fonds destinés aux ordinaires; les chefs d'escadron et les capitaines sont chargés de la surveillance de cette partie du service, qu'ils doivent diriger à l'avantage de la troupe, sans toutefois restreindre la faculté que les réglemens assurent au chef d'ordinaire et à l'homme de corvée qui l'accompagne, de débattre les prix des denrées, et de choisir les fournisseurs.

D. La solde des officiers n'est-elle pas sujette à une retenue au profit du trésor ?

R. Les officiers subissent sur leur traitement une retenue de 2 pour o/o, au profit de la dotation des invalides; cette retenue est exercée sur la solde, les supplémens de solde, et l'indemnité de représentation.

La gratification d'entrée en campagne et l'indemnité pour pertes de chevaux et d'effets n'en sont pas passibles.

D. Comment doivent être effectuées les retenues pour dettes contractées envers des particuliers?

R. Les retenues pour dettes contractées par des officiers, ont lieu en vertu d'oppositions juridiques; néanmoins le ministre-secrétaire d'état de la guerre peut en ordonner d'office lorsqu'il le juge convenable.

Dans les corps de troupe, les dettes des officiers, particulièrement celles qui ont pour objet leur subsistance, leur logement, leur habillement, ou d'autres fournitures relatives à leur état, peuvent aussi être payées au moyen d'une retenue sur leurs appointemens, ordonnée par le colonel.

Cette retenue a lieu sur l'avis du lieutenant-colonel, et la présentation des titres.

CHAPITRE VII.

DES VIVRES, FOURRAGES ET CHAUFFAGE.

D. A qui est allouée la ration de pain en temps de paix?

R. Elle n'est allouée qu'aux sous-officiers et soldats, et pour toutes les journées qui leur donnent droit à la solde de station ou de route.

D. Quel doit être le poids de cette ration?

R. Elle doit toujours être du poids de 7 hectogrammes et demi.

D. Quelle est la composition du pain de munition?

R. Le pain de munition doit être fabriqué avec des farines de pur froment, blutées à dix pour cent d'extraction pour les blés tendres indigènes, et sans aucune extraction de son pour les blés durs exotiques.

Chaque pain doit être du poids de 17 hectogrammes (3 livres et demie) en pâte, et de 15 hectogrammes (3 livres) cuit et rassis; il doit être rond et du diamètre

d'environ 10 pouces , sur 3 pouces d'épaisseur ; il forme
deux rations.

Le pain , pour être bon , ne doit pas être brûlé ; il
doit être bien cuit et d'une couleur dorée également ;
la croûte ne doit point se détacher de la mie ; à son
ouverture , on doit sentir une odeur douce et balsamique ,
on doit voir la mie parsemée de petits yeux innom-
brables et serrés. A la dégustation , une saveur agréable
comme un goût de noisette , reste dans la bouche.

D. Quelles sont les fournitures extraordinaires susceptibles d'être faites aux troupes sur le pied de paix ?

R. Ces fournitures consistent en vin , vinaigre et eau-
de-vie.

D. Par qui doivent-elles être autorisées ?

R. Par le ministre de la guerre ou les inspecteurs-
généraux , et, s'il y a urgence , par le lieutenant-général
commandant la division.

D. Les officiers peuvent-ils participer à ces fournitures extraordinaires?

R. Non, dans aucun cas.

D. A qui sont dus les vivres sur le pied de guerre ?

R. Les vivres de campagne sont dus aux officiers ,
sous-officiers et soldats , et leur sont alloués pour toutes
les journées donnant droit à la solde de guerre.

D. Quelle est la composition des vivres sur le pied
de guerre ?

R. Ces vivres se composent , savoir :

1.° De la ration de pain ordinaire sur le pied de paix ;

2.° D'une ration de viande fraîche ou de bœuf salé ,
du poids de 2 hectogrammes et demi;

3.° D'une ration de lard salé , de 2 hectogrammes ;

4.° D'une ration de riz , de 3 décagrammes ;

5.° D'une ration de légumes secs , de 6 décagrammes;

6.° D'une ration de sel , d'un 60.° de kilogramme ;

7.° D'une ration de vin , sur le pied d'un quart de
litre ;

8.º D'une ration d'eau-de-vie, sur le pied d'un 16.ᵉ de litre ;

9.º D'une ration de vinaigre, sur le pied d'un 20.ᵉ de litre.

D. Combien y a-t-il d'espèces de rations de fourrages ?

R. Il y en a de trois espèces , savoir :

1.º Sur le pied de guerre, en station comme en route ;

2.º En station sur le pied de paix ;

3.º En route sur le pied de paix.

D. Quelle est la composition de la ration de fourrages pour les régimens de cavalerie de ligne , dans les trois positions qui viennent d'être déterminées ?

R. En voici le détail , savoir :

1.º Sur le pied de paix, en station.	Foin , 4 kilogrammes. Paille , 5 — Avoine , 34 hectogrammes.
2.º Sur le pied de paix , en route..	Foin , 5 kilogrammes. Paille , 3 — Avoine , 38 hectogrammes.
3.º Sur le pied de guerre , en station comme en route.	Foin , 6 kilogrammes. Paille , 4 — Avoine , 38 hectogrammes.

Les fourrages doivent toujours être de bonne qualité, sans acception de première ou deuxième, et propres à donner aux chevaux une nourriture saine et convenable ; c'est sous ce caractère distinctif qu'il faut les considérer dans les visites des approvisionnemens avant les distributions, et principalement dans les expertises ; il s'ensuit que les denrées reconnues nuisibles ne sont pas les seules proscrites dans les distributions, mais que l'on doit encore repousser, comme non recevables , toutes celles qui , étant dépourvues de sucs nutritifs, ne peuvent, par ce motif, procurer aux chevaux une bonne nourriture.

Toutefois, le ministre fait observer *(voir la circulaire du* 21 *novembre* 1832 *)* qu'il ne faut point perdre de vue que le service des fourrages ne peut être exécuté qu'au moyen des ressources de chaque localité; qu'il est des contrées où la qualité de foin surtout, laisse beaucoup à désirer; que, dans certaines localités, des accidens atmosphériques, survenus pendant les récoltes, ont plus ou moins altéré les principes nutritifs des denrées, et que l'administration ne pouvant changer la nature des produits de ces localités, les corps forcés d'y séjourner en subissent les conséquences.

D. N'est-il point ouvert un registre dans chaque magasin de distribution ?

R. Il est ouvert dans chaque magasin de distribution un registre appelé *registre de visite des denrées en distribution*, coté et paraphé par le sous-intendant militaire, et destiné à recevoir l'avis du capitaine de semaine sur la qualité des denrées préparées pour la distribution.

D. Quelles sont les inscriptions à faire sur ce registre ?

R. Le jour de la distribution, le capitaine de semaine examine les denrées préparées pour être distribuées, à l'effet de s'assurer de leur bonne qualité. Cet officier entre seul dans le magasin; il peut requérir la pesée des denrées rationnées et se faire donner toutes les explications qu'il croit nécessaire ; et avant que la distribution commence, il doit énoncer son opinion sur le registre pour chaque nature de denrée par l'inscription des mots *bonne*, *passable*, *médiocre* ou *non-recevable*.

De nouvelles dispositions viennent d'être prescrites pour que les approvisionnemens de fourrages soient reconnus le 1.er de chaque mois par le sous-intendant militaire ayant la police du magasin, accompagné du chef d'escadron de semaine de chaque corps, qui doit en faire son rapport au colonel en exprimant son opinion sur les denrées en magasin.

Cette visite est indépendante de celle du capitaine de distribution, qui doit continuer, comme par le passé, à remplir les devoirs que lui imposent les réglemens.

D. En cas de refus des denrées, quelles sont les démarches à faire par le capitaine de semaine?

R. Lorsque le capitaine chargé de l'examen des denrées croit devoir les refuser pour quelque cause que ce soit, il en informe immédiatement le major, qui se rend au magasin pour appuyer de son intervention et de ses démarches le capitaine, si cela est nécessaire.

En cas d'absence du major, le capitaine se rend directement chez le sous-intendant militaire pour lui porter sa plainte et obtenir que les distributions soient rétablies telles qu'elles doivent être. Aucune denrée reçue en distribution et sortie du magasin, ne peut y être rapportée pour y être échangée, et aucune plainte n'est admise après la sortie du magasin.

D. Quelle est la distance à laquelle la troupe est obligée de venir chercher ses distributions?

R. Les troupes cantonnées ou campées dans un rayon de 4 kilomètres des magasins, sont tenues, sauf les cas d'exception ci-après, d'y aller prendre elles-mêmes les vivres et les fourrages, sans pouvoir prétendre à aucun moyen de transport ou indemnité. Au delà de cette distance, les rations sont transportées aux frais de l'Etat. Dans ce dernier cas, les denrées distribuées doivent être reconnues et reçues avant leur sortie du magasin.

CAS D'EXCEPTION.

Lorsque les troupes sont placées dans des forts élevés et dont les accès sont difficiles, ou qu'il existe des obstacles qui rendent trop pénible le transport à dos d'homme, ou enfin dans le cas où le service exige que les troupes restent constamment sous les armes ou à leur poste, le ministre, ou à l'armée les intendans, de concert avec les officiers-généraux commandans, peuvent autoriser le transport aux frais de l'Etat.

D. Quelle est la composition de la ration de vert?

R. Elle est de 40 kilogrammes d'herbe fraîche à l'écurie, ou à la soûlée dans la prairie.

D. Les substitutions de denrées sont-elles autorisées?

R. Oui, lorsqu'il est nécessaire, à raison des circonstances ou des localités, de la pénurie des denrées, de la santé des hommes et des chevaux, de substituer d'autres denrées à celles en distribution courante; ces distributions sont ordonnées par les intendans militaires de concert avec les officiers-généraux commandans.

Les substitutions sont toujours annoncées par l'ordre du jour.

D. Quand les officiers ont-ils droit de se monter sur le pied de guerre?

R. A l'époque qui est fixée par le ministre de la guerre, et lorsqu'un corps a reçu l'ordre de se rendre aux armées, et que cet ordre a été exécuté.

Le major, le capitaine-instructeur, le trésorier et l'officier d'habillement ne doivent se monter sur le pied de guerre que lorsqu'ils ont reçu du ministre l'ordre de se rendre aux armées.

D. De quel jour les fourrages sur le pied de guerre sont-ils alloués à un régiment, et de quel jour cesse-t-il d'y avoir droit?

R. Le droit commence du lendemain de son arrivée aux armées ou rassemblemens sur le pied de guerre, et finit le quinzième jour inclusivement après l'arrivée du régiment à sa destination dans l'intérieur.

D. Les officiers partant pour l'armée, qui se trouveraient avoir des chevaux malades, peuvent-ils les laisser au dépôt?

R. Oui, mais avec l'autorisation du commandant du régiment; ces chevaux ne peuvent toutefois y rester plus de trois mois après le départ des officiers.

D. Comment sont alloués les fourrages sur le pied de route?

R. Du jour du départ jusqu'au jour inclus de l'arrivée à destination.

D. A quelle époque les chevaux doivent-ils être mis au vert chaque année?

R. A l'époque indiquée par le sous-intendant militaire, qui prescrit l'établissement d'états signalétiques en double expédition, signés du colonel et du vétérinaire.

D. De quel jour les chevaux de remonte ont-ils droit aux fourrages?

R. Du lendemain de leur arrivée au corps.

D. De quel jour les chevaux morts, abattus, vendus par réforme ou autrement, cessent-ils d'avoir droit aux fourrages?

R. Les chevaux morts cessent d'avoir droit aux fourrages le lendemain de leur radiation des contrôles; ceux abattus ou vendus cessent d'y avoir droit du jour même de leur abattage ou de leur vente.

D. A qui le chauffage est-il dû?

R. Les sous-officiers, soldats et enfans de troupe ont seuls droit aux rations de chauffage.

Les officiers n'y ont droit dans aucune position, à moins d'une décision spéciale du ministre.

Les troupes sont soumises pour le service du chauffage à deux systèmes différens, l'un d'allocations collectives pour les corps mis en possession de fourneaux économiques, l'autre de rations individuelles pour les corps ou portions de corps qui n'en font point usage.

D. Qu'est-il alloué à un régiment de cavalerie caserné dans un établissement militaire pourvu de foyers économiques?

R. Il lui est alloué :

1.º Pour la cuisson des alimens des sous-officiers une ration individuelle équivalant à la double ration d'été, savoir :

En bois à la mesure, un 150.º de stère par jour et par homme;

En bois au poids, 2 kilogrammes ;

En charbon de terre, un kilogramme, avec un fagot d'allumage pour 20 rations.

Sont compris dans le droit à cette allocation la totalité des sous-officiers du petit état-major et du peloton hors rang, ainsi que les musiciens-gagistes.

Cette distribution, quoiqu'elle soit individuelle, n'est point perçue à l'effectif présent, mais au complet d'organisation, sauf déduction des sous-officiers détachés, qui reçoivent individuellement la ration.

2.º Pour l'ordinaire des brigadiers et dragons, autant de rations d'ordinaires qu'il est accordé de foyers et marmites ; chaque ration est fixée comme il suit :

En bois à la mesure, 7/60.ᵉˢ de stère par jour et par marmite ;

En bois au poids, 29 kilogrammes ;

En charbon de terre, 15 kilogrammes avec deux fagots d'allumage.

3.º Pour le chauffage des chambres, autant de rations qu'il est compté de *compagnies* à un régiment de cavalerie ; et chaque ration de compagnie se compose comme il suit :

En bois à la mesure, un 10.ᵉ de stère par jour ;

En bois au poids, 50 kilogrammes ;

En charbon de terre, 21 kilogrammes avec trois fagots d'allumage.

D. Combien est-il alloué de marmites à un régiment de cavalerie ?

R. Deux par escadron, et une pour le peloton hors rang ; en total treize.

D. Quelle est la contenance d'une marmite ?

R. Soixante-quatre litres de liquide.

D. Combien compte-t-on de rations de compagnie à un régiment de cavalerie pour le chauffage des chambres ?

R. Quinze, savoir : deux par escadron et trois pour le petit état-major, les ateliers, l'infirmerie, etc. etc. Le chef du corps pourra indépendamment faire prélever, sur la distribution générale des ordinaires, une certaine quantité de combustible pour les besoins de l'infirmerie régimentaire et des hommes mariés.

D. Comment est considéré le dépôt d'un corps sous le rapport du chauffage, lorsque l'établissement militaire qu'il occupe est pourvu de foyers économiques?

R. Dans les dépôts formés d'hommes appartenant à des corps différens, ou à plusieurs escadrons d'un même corps, le nombre de marmites à délivrer est déterminé par l'intendance militaire en raison de la force des dépôts. Mais il est admis en principe qu'il revient une marmite par 60 hommes comptant à l'effectif.

Il en est de même pour le chauffage des chambres; il est aussi alloué une ration de compagnie par 60 hommes.

D. S'il arrive que l'effectif d'un escadron dépasse momentanément le nombre d'hommes qui est en rapport avec la capacité de 2 marmites, cet excédant peut-il donner lieu à l'allocation d'un troisième foyer et marmite?

R. Non, l'excédant est versé pour l'ordinaire à un escadron plus faible.

D. Sur quel pied les troupes logées dans les bâtimens militaires non pourvus de foyers économiques, reçoivent-elles le chauffage?

R. Il est alloué dans ce cas :

1.º Pour la cuisson des alimens, une ration dite de l'ordinaire par homme et par jour (sous-officiers y compris); cette ration est composée, savoir :

En bois à la mesure, 1/300.ᵉ de stère,

En bois au poids, un kilogramme,

En charbon de terre, 5 hectogrammes.

2.° Pour le chauffage des chambres pendant la saison d'hiver, la ration de compagnie déterminée pour les troupes qui font usage de foyers économiques.

Mais cette dernière fixation repose, toutefois, sur l'hypothèse que les troupes feront usage de poëles pour leur chauffage; car si ces hommes sont obligés, faute de poëles, de se chauffer à la cheminée, il sera alloué des rations individuelles composées comme il suit pour tenir lieu de la ration de compagnie, savoir :

En bois à la mesure, 1/400.° de stère,   }
En bois au poids, 8 hectogrammes,   } Par homme et
En charbon de terre, 4 hectogrammes, } par jour.

Les sous-officiers ont droit à une double ration.

D. Dans quel cas les rations individuelles de chauffage, telles qu'elles étaient antérieurement allouées, sont-elles dues à la troupe ?

R. Lorsque la troupe est en cantonnement et qu'elle ne se trouve point casernée dans les bâtimens de l'Etat, ou lorsque les détachemens de troupes logés dans les casernes ne s'élèveront pas à un effectif au-delà de 35 hommes.

D. Quelle est la composition de la ration individuelle de chauffage dans les cas prévus ci-dessus ?

R. Elle est : en bois à la mesure, de 1/150.° de stère pour chaque jour d'hiver, et 1/300.° pour chaque jour d'été;

En bois au poids, de 2 kilogrammes pendant l'hiver, et moitié pendant l'été;

En charbon de terre, d'un kilogramme pendant l'hiver, et moitié pendant l'été.

D. Quel est le chauffage alloué aux troupes campées, baraquées ou traitées sur le pied de guerre ?

R. La ration est fixée comme il suit pour chaque sous-officier et soldat présent, savoir :

En bois à la mesure, 1/125.° de stère en hiver, et 1/250.° en été;

En bois au poids, 24 hectogrammes en hiver, et 12 hectogrammes en été;

En charbon de terre, 12 hectogrammes pendant l'hiver, et 6 hectogrammes pendant l'été.

Les troupes en station chez l'habitant reçoivent en hiver et en été indistinctement, la ration d'été fixée ci-dessus.

D. Les combustibles ci-dessus indiqués ne peuvent-ils pas être substitués par d'autres?

R. Oui, dans les lieux où le charbon de terre est en usage, la ration de station ou cantonnement est d'un kilogramme pendant l'hiver, et d'un demi-kilogramme pendant l'été.

Lorsque le charbon de terre est converti en briquettes, la ration se compose de deux briquettes par jour d'hiver, et d'une briquette par jour d'été; la briquette ayant 13 centimètres et demi de longueur sur 5 et demi de largeur, et 4 centimètres d'épaisseur.

Dans les lieux où l'on fait usage de tourbe de marais, la ration se compose de dix tourbes pour chaque jour d'hiver, et de cinq pour chaque jour d'été; chaque brique de tourbe ayant un décimètre de longueur sur 5 centimètres de largeur à chacune des quatre faces; chaque brique de cette dimension peut être remplacée par une brique de 15 centimètres de largeur et de hauteur.

D. De quelle essence doit être le bois?

R. Le bois doit être de chêne, charme, hêtre ou autres essences dures, sec et d'une qualité bonne, loyale et marchande; les bûches ne doivent pas avoir moins de 6 pouces de circonférence.

D. Le bois blanc pourra-t-il être mis en distribution?

R. Le bois blanc, dans les localités où les habitans en font usage pour leur chauffage habituel, pourra être substitué au bois d'essence dure, en prenant pour règle que les distributions ne peuvent être entièrement faites en bois blanc, et qu'il ne pourra entrer dans les fournitures que pour moitié.

D. N'est-il pas dû un supplément dans le cas où l'on donne du bois blanc à la troupe?

R. Lorsqu'on délivrera du bois blanc, la ration devra être augmentée d'un quart, c'est-à-dire, qu'au lieu de 4 stères de bois d'essence dure, il sera fourni en remplacement 5 stères de bois blanc; lorsque le bois se délivrera au poids, ce supplément pour le bois blanc n'aura pas lieu.

D. De quelles dimensions doivent être les mesures de distribution?

R. Les mesures de distribution doivent être d'un ou 2 stères; la mesure du stère est d'un mètre de longueur sur un mètre de hauteur, les bûches ayant la longueur d'un mètre; mais tant que les bûches ne seront point coupées à la dimension d'un mètre, les mesures de distribution auront un ou 2 mètres de longueur suivant qu'elles seront simples ou doubles, et la hauteur diminuera ou augmentera en raison de la longueur des bûches, de manière que la mesure simple présente un mètre cube, et la double 2 mètres cubes. Ainsi, pour les bûches ayant 113 centimètres ou 2 tiers de longueur, faisant 3 pieds et demi, les mesures ne devront pas avoir moins de 88 centimètres de hauteur.

D. Quelle est la durée du chauffage des chambres pour les troupes faisant usage de foyers économiques et pour celles casernées?

R. Elle commence et finit aux époques où commencent et finissent les distributions de chauffage de plein hiver, pour les corps-de-garde.

Ainsi, dans les départemens où il est compté cinq mois d'hiver, ils commencent le 1.er novembre pour finir le 31 mars.

Dans les départemens où il est compté quatre mois, le chauffage des chambres commence le 16 novembre et finit le 15 mars inclusivement.

Dans ceux où l'on compte trois mois, le chauffage commence le 1.er décembre et finit au dernier jour de février inclusivement.

Il n'est point alloué de chauffage de chambre dans la 17.e division militaire (Corse).

Un tableau joint à cet ouvrage sous le n.º 10 fait connaître le nombre de mois d'hiver et d'été assigné à chaque département.

D. Le chauffage alloué sur le pied d'hiver aux troupes ayant droit à des rations individuelles, a-t-il une autre durée que le chauffage des chambres d'après le nouveau système ?

R. Non, il est alloué pour le même temps. Il commence et finit aux mêmes époques.

D. La durée du chauffage des chambres peut-elle être prolongée ?

R. Oui, les lieutenans-généraux commandant les divisions territoriales peuvent prolonger la durée de cette distribution dans les localités et par les circonstances qui rendraient cette mesure nécessaire.

D. Quelles sont les bases arrêtées pour l'allocation du chauffage à la ration individuelle ?

R. Le chauffage à la ration individuelle est alloué pour les journées de présence donnant droit à la solde de garnison ou de campagne ; cependant il n'est dû aux troupes logées chez l'habitant qu'à compter de l'expiration du troisième jour de leur entrée dans la place ou le cantonnement, y compris le jour de l'arrivée.

D. Lorsque les troupes sont casernées le jour même de leur arrivée dans une place, ont-elles droit au chauffage pour ce jour d'arrivée ?

R. Oui.

D. Quels sont les hommes qui ont droit à une double ration lorsque le chauffage est distribué à la ration individuelle ?

R. Ce sont les sous-officiers y compris les fourriers.

les maîtres-ouvriers, le brigadier-trompette et les musiciens-gagistes.

D. Les moins-perçus en vivres, fourrages et chauffage, donnent-ils lieu à un rappel?

R. Non, dans aucun cas.

Les trop-perçus, au contraire, sont remboursés au gouvernement aux prix fixés chaque semestre par une circulaire ministérielle insérée au journal militaire.

D. Les rachats de rations sont-ils défendus?

R. Oui.

D. Comment ont lieu les distributions?

R. Elles ont lieu sur des états d'effectif, portant augmentations et diminutions; ils sont certifiés par le major, et visés par le sous-intendant militaire.

Après les distributions faites, l'officier qui y a assisté doit remettre au garde-magasin les bons ci-dessus mentionnés.

Si, dans l'intervalle d'une distribution à une autre, le gain à l'effectif excède la perte et qu'il y ait nécessité d'ajouter un supplément à la dernière distribution, il doit être fait par le trésorier un bon supplémentaire soumis aux mêmes formalités que les autres bons.

D. En cas d'erreur faite par le trésorier et reconnue au moment de la distribution, que doit-on faire?

R. Le bon doit être renvoyé sur-le-champ au trésorier, afin qu'il fasse de suite un bon supplémentaire, si l'erreur est importante et au détriment des escadrons.

D. Les fourriers sont-ils toujours responsables des trop-perçus en chauffage lorsqu'il est fourni en rations individuelles?

R. Oui, par la raison qu'il entre dans leurs attributions d'être particulièrement chargés des détails des distributions.

D. Par qui est fourni le chauffage et l'éclairage des corps-de-garde de police et de l'enseignement mutuel?

R. Ces corps-de-garde sont entretenus, comme les autres postes du service militaire, par les soins et au compte direct du département de la guerre. Ils sont compris comme corps-de-garde de 4.ᵉ classe dans les états dressés par les commandans de place. (*V. tabl. n.ᵉ 9.*)

Les écoles d'enseignement mutuel reçoivent la moitié du combustible accordé à un corps-de-garde de 4.ᵉ classe, moins la chandelle : la régularisation de cette fourniture a lieu de la même manière que pour les corps-de-garde.

CHAPITRE VIII.

DES REVUES SUR LE TERRAIN, DES FEUILLES DE JOURNÉES, ET DES REVUES DE LIQUIDATION.

D. A quelle époque les sous-intendans militaires doivent-ils passer leurs revues? quel est le motif de ces revues?

R. Ils doivent les passer une fois par mois au moins, afin de constater l'effectif des hommes et des chevaux; ces revues doivent être inopinées.

D. Dans quel ordre la troupe doit-elle être rangée sur le terrain?

R. Elle doit être mise en haie; les officiers et sous-officiers de chaque escadron sont placés à la droite, et les soldats à leur rang et à leur numéro du contrôle annuel.

L'état-major et le peloton hors rang sont placés à la droite du premier escadron.

D. Quels sont les contrôles à fournir aux sous-intendans sur le terrain?

R. Chaque capitaine-commandant doit leur remettre pour son escadron, et le major pour l'état-major, une feuille d'appel présentant les noms, prénoms et grades des officiers, sous-officiers et soldats, ainsi que leurs mouvemens et mutations depuis la dernière revue; cette feuille doit faire mention des hommes malades à la chambre ou à l'infirmerie; il est fait une feuille distincte pour les chevaux, indiquant également ceux qui ne peuvent être amenés à la revue, se trouvant sur la litière.

Les imprimés de ces feuilles sont fournis par le trésorier.

D. Quels sont les effets et registres de comptabilité qui doivent être présentés aux sous-intendans?

R. Chaque homme, à la revue, doit avoir son porte-manteau et son livret, afin que le sous-intendant puisse en vérifier la situation, s'il le juge convenable.

Le porte-manteau doit contenir, sans exception, tous les effets qui doivent exister d'après le livret.

Les maréchaux-des-logis chefs doivent être porteurs du livre de détail de leur escadron.

D. Quel est l'objet des feuilles de journées dont l'établissement est ordonné par le réglement d'administration?

R. Ces feuilles sont établies pour constater les droits acquis à la solde et accessoires de solde, ainsi qu'aux fournitures en vivres, fourrages et chauffage, par les hommes et les chevaux qui ont fait partie d'un escadron ou d'un détachement pendant le trimestre.

D. Comment ces feuilles doivent-elles être établies?

R. Il doit en être établi une pour les hommes et une pour les chevaux, et selon les modèles annexés au réglement en vigueur; elles sont nominatives, et présentent les mouvemens et mutations survenus pendant le trimestre écoulé, le détail des journées donnant droit aux diverses espèces de solde, aux accessoires de solde et aux fournitures en vivres et chauffage, le décompte des sommes et des rations, et le nombre d'hommes donnant droit aux premières mises de petit équipement, etc. etc.

D. Quels sont les divers renseignemens qu'il est essentiel de consigner sur la feuille de journées en hommes?

R. On doit :

1.º Faire mention des emplois d'officiers vacans, avec l'indication de l'époque et du motif de la vacance;

2.º Porter pour mémoire seulement, tout militaire absent de son corps par un motif quelconque; s'il est en congé ou en permission, on doit en indiquer la durée et l'expiration, et s'il a été accordé avec ou sans solde.

Les officiers promus à un nouveau grade, doivent être portés à l'apostille de leur ancien grade, jusqu'au jour exclus de leur réception, et compris depuis cette époque à l'apostille de leur nouveau grade.

Les officiers, sous-officiers et soldats passant dans le même corps d'un escadron à un autre sans changer de grade, sont portés à l'apostille de leur grade sur la feuille de journées de leur premier escadron, jusqu'au jour exclus qu'ils l'ont quitté.

Les hommes passant d'un grade à un autre dans la classe des sous-officiers et brigadiers, sont portés à l'apostille de leur ancien grade jusqu'au jour exclus de leur nomination, et comptent depuis la même époque à l'effectif de leur nouveau grade.

D. Par qui doivent être établies et signées les feuilles de journées?

R. Par les commandans d'escadron et sur des imprimés qui leur sont fournis par le trésorier; celles de l'état-major le sont par le trésorier.

D. A quelles époques doivent-elles être ouvertes et remises pour être vérifiées?

R. Elles doivent être commencées quelques jours avant l'expiration du trimestre, et remises au major le 2.º jour au plus tard de chaque trimestre.

Les commandans de détachemens doivent les remettre à la même époque au sous-intendant militaire sous la police duquel ils se trouvent.

Ce fonctionnaire, après avoir vérifié l'exactitude des

mutations et les avoir arrêtées, les fait parvenir au corps.

D. Combien doit-il être fait d'expéditions des feuilles de journées ?

R. Deux expéditions, qui sont remises au sous-intendant militaire; l'une d'elles est destinée au ministre de la guerre.

Les minutes des feuilles de journées restent au corps.

D. Quel est le but des états de totalisation prescrits par le réglement d'administration ?

R. Immédiatement après le dernier prêt du trimestre, tous les paiemens faits pendant ce trimestre sont totalisés au moyen d'un état dit de totalisation, que chaque commandant d'escadron dresse contradictoirement avec le trésorier, et qui est remis à ce dernier, après avoir été approuvé et vérifié par le conseil d'administration, pour être joint à l'appui de ses comptes.

Aussitôt que le sous-intendant militaire a renvoyé au corps les feuilles de journées, revêtues de son *vu et vérifié*, le trésorier et le commandant de chaque escadron signent contradictoiremeut, pour ce qui concerne la troupe seulement, l'état comparatif des prestations allouées et de celles perçues pendant le trimestre, à l'effet d'établir le trop ou le moins-perçu de l'escadron.

Pour ce qui concerne le petit état-major et le peloton hors rang, cette opération se fait contradictoirement entre le trésorier et le capitaine d'habillement.

Dans le cas d'un trop-perçu en rations, le montant en argent en est réglé d'après les fixations des tarifs arrêtés par le ministre, et la somme que chaque commandant d'escadron est reconnu avoir à rembourser, est retenue sur sa solde, sauf son recours contre qui de droit.

Les moins-perçus en deniers sont payés comptant par le trésorier au commandant de chaque escadron. Dans le cas de trop-perçus, le montant en est déduit de la manière prescrite par l'article précédent.

D. Quel est l'objet des revues de liquidation?

R. Les revues de liquidation sont destinées, ainsi que nous l'avons dit précédemment, à fixer les droits que les corps ont acquis aux prestations de toute nature, dans le cours du trimestre expiré; les feuilles de journées établies par les escadrons, sont les bases principales de ces revues. Les revues de liquidation sont terminées par des décomptes définitifs, qui ont pour objet d'opérer la libération du ministère de la guerre envers les corps, et celle des corps envers le ministère de la guerre.

D. Quelle suite donne-t-on au décompte de libération après que ses résultats ont été reconnus exacts par le conseil d'administration?

R. Si le décompte de libération présente pour résultat un moins-perçu en deniers, le montant en est porté en augmentation, sur le premier état de paiement de la solde courante.

Si le décompte de libération présente un trop-perçu, la somme à retenir est portée en déduction sur le premier état de paiement de la solde courante.

S'il résulte du décompte des prestations en nature, que le corps ait consommé un plus grand nombre de rations que celui qui lui est alloué par la revue, le montant de ce trop-perçu est imputé au corps.

Les moins-perçus dans les prestations en nature, ne donnent lieu à aucun rappel.

CHAPITRE IX.

DU CASERNEMENT.

D. De quoi se compose en général le service du casernement?

R. Le service du casernement comprend généralement tout ce qui a rapport aux établissemens du logement des troupes en garnison ; ces établissemens sont compris sous la dénomination de bâtimens militaires.

D. Quels sont les fonctionnaires chargés du service du casernement ?

R. Les bâtimens militaires sont dans les attributions respectives des intendans militaires et des officiers du génie ; les commandans de place sont chargés de la police militaire des bâtimens occupés par la troupe.

D. A qui sont confiés dans les corps, les détails du casernement ?

R. Le porte-étendard est chargé des détails du casernement, sous la direction et la surveillance du major ; le porte-étendard est secondé, s'il est nécessaire, par un sous-officier intelligent. L'adjudant de semaine doit veiller à l'exécution des ordres donnés par le porte-étendard.

D. A qui sont confiés les mêmes détails dans les escadrons ?

R. Le réglement du 13 mai 1818, sur le service intérieur, veut que ces détails soient particulièrement confiés aux fourriers.

D. Comment est-il pourvu aux réparations urgentes des bâtimens militaires ?

R. Par le génie et sur les demandes ou observations que les corps en font au sous-intendant militaire.

Dans ces réparations est compris le blanchissage des casernes, que le réglement du 17 août 1824 déterminait comme devant avoir lieu tous les trois ans par le génie ; mais le ministre vient de décider que le blanchissage des casernes sera fait à l'avenir par les soins des soldats ; qu'il sera mis à la disposition de chaque corps, par le génie, la chaux et les outils nécessaires ; qu'une allocation d'un demi-centime par mètre carré de blanchissage, sur deux couches, sera payée aux corps, d'après le mode ordinaire de la comptabilité des travaux du génie, tant pour indemniser les travailleurs, que pour leur fournir les habillemens de toile nécessaires; enfin, que le blanchissage qui n'a lieu que sur une seule couche, ne sera payé que moitié du prix ci-dessus fixé.

D. Quelles sont les formalités à remplir pour obtenir que ce blanchissage ait lieu?

R. Il doit être adressé par le chef du corps une demande spéciale au sous-intendant militaire, qui fait constater l'urgence de la réparation, et obtient du chef du génie l'autorisation nécessaire, sans laquelle elle ne peut être exécutée.

D. Comment est-il pourvu à l'ameublement des bâtimens militaires?

R. Il y est pourvu en ce qui concerne le couchage des officiers et de la troupe, ainsi que l'ameublement des officiers, par l'entreprise des lits militaires; en ce qui comprend les autres objets d'ameublement, par les soins et sur les fonds du génie.

A l'arrivée des corps et détachemens dans les places, les commandans établissent un état d'effectif de leur troupe; le sous-intendant militaire ou son suppléant, après avoir vérifié cet état, donne, au bas, l'ordre au préposé des lits militaires de délivrer les effets nécessaires, sur le récépissé du commandant de la troupe.

D. De quoi se compose le logement des officiers dans les bâtimens de l'État?

R. Le logement d'un capitaine se compose d'une chambre et un cabinet; le logement des lieutenans ou sous-lieutenans se compose d'une chambre et un cabinet pour deux; ils peuvent avoir une seconde chambre avec un lit pour deux domestiques; les trésoriers et capitaines d'habillement ont de plus une chambre sans lit, pour y établir leurs bureaux.

D. De quels objets les chambres d'officiers doivent-elles être garnies?

R. Les chambres d'officiers sont garnies d'un lit à rideaux, un sommier en foin de regain, deux matelas, une couverture en été et deux en hiver, un traversin, une paire de draps et deux serviettes; les lits de leurs domestiques sont composés comme ceux de la troupe. On ajoute aux logemens des officiers, chaises, table, cuvette, chandelier, etc. etc.; le tout suivant les conditions et dimensions stipulées aux marchés des entrepreneurs, dont le porte-étendard doit prendre connaissance avant de recevoir les logemens d'officiers.

D. Quelles sont les époques du renouvellement des draps des officiers?

R. Les draps sont changés de quinze en quinze jours en été, et de vingt en vingt jours en hiver. Le changement des serviettes a lieu toutes les semaines. Le sommier est renouvelé, pour le foin, tous les cinq ans.

D. Comment les sous-officiers et soldats sont-ils logés?

R. Le logement doit toujours être assis selon l'ordre de bataille des escadrons, et dans les escadrons selon le rang des divisions, pelotons, sections et escouades; les brigadiers logent avec les hommes de leur escouade. (Consulter l'article 445 du réglement du 13 mai 1818.)

D. De quels effets les chambres de troupe doivent-elles être garnies?

R. Les chambres des casernes et quartiers doivent être garnies de lits, bancs, tables, planches à pain, râteliers d'armes, et des planches nécessaires pour placer les casques, effets d'habillement, etc. etc.

D. Quelle est la composition d'un lit de troupe?

R. Chaque lit de caserne est composé d'une couchette en fer, d'un sommier bourré de 10 kilogrammes de foin, renouvelable tous les cinq ans, d'un matelas, d'un traversin, d'une paire de draps, d'une couverture pour l'été et d'un couvre-pied pour l'hiver. La distribution des lits se fait à raison d'un pour chaque sous-officier et soldat ; il doit être fourni en outre un supplément de lits pour les hommes mariés, et des demi-fournitures pour l'infirmerie régimentaire et la salle de police des sous-officiers.

D. Quelles sont les époques du renouvellement des draps de lit et de la paille des paillasses et traversins des demi-fournitures ?

R. Les draps se renouvellent tous les mois en hiver, et tous les vingt jours en été.

D. Les corps doivent-ils recevoir les fournitures dans les magasins du préposé ?

R. Les corps doivent recevoir les fournitures au magasin et en effectuer eux-mêmes le transport dans les pavillons, quartiers ou casernes ; néanmoins le transport des fournitures sera opéré par l'entrepreneur, 1.º si le pavillon ou la caserne sont à plus de deux kilomètres de distance du magasin ; 2.º s'ils sont séparés du magasin par un bras de mer ou par une rivière sur laquelle il n'y aurait point de pont ; 3.º dans la place de Paris, à l'arrivée ou au départ de chaque corps ou détachement.

D. Les préposés de l'entreprise des lits militaires ont-ils le droit d'entrer dans les casernes ?

R. Ils peuvent circuler librement dans les chambrées pour s'assurer de l'état des fournitures en service, donner leurs soins à l'entretien et à la conservation de tous les effets, exécuter les réparations qui peuvent se faire sur la place, et opérer les échanges qui seront reconnus nécessaires.

D. En cas d'objets perdus ou dégradés par la troupe, que doit-on faire pour les remettre dans leur premier état ?

R. Les sous-officiers et soldats étant responsables de tous les objets généralement qui constituent l'ameublement de la caserne qu'ils occupent, tous ceux de ces

objets perdus ou dégradés par leur négligence ou maladresse, doivent être remis de suite dans leur premier
état, et la dépense qui en résulte acquittée par le trésorier, et imputée, à la fin de chaque trimestre, sur la
masse individuelle des hommes qui ont occasionné ces
frais; à cet effet, l'état nominatif et par escadron lui en
est remis par le porte-étendard, après avoir été vérifié
par le major.

D. Comment s'établit le logement des chevaux?

R. Le logement des chevaux est établi d'après les
mêmes règles que celui des hommes; les chevaux d'officiers sont placés dans les mêmes écuries que les
chevaux de l'escadron auquel ils appartiennent. Les
écuries doivent être garnies de râteliers, de mangeoires
supportant des anneaux, de barres, par ordinaire de
trois chevaux, de réverbères, de coffres fermant à clé,
capables de contenir au moins une prise de quatre jours
d'avoine, de traverses ou de chaînes pour barrer les
portes; des anneaux de pansage sont attachés au dehors
des écuries.

Il est accordé un mètre courant de mangeoire pour
chaque cheval.

Il doit être fourni des greniers à foin, divisés, autant
que faire se peut, par escadron.

Le réglement du 17 août 1824, contient encore les
dispositions suivantes :

Le ministère de la guerre fournit tous les gros ustensiles d'écurie, dont le détail suit :

Civières.....................	2	par escadron.
Seaux......................	4	*idem.*
Baquets....................	2	*idem.*
Augets.....................	2	*idem.*
Vannettes..................	2	*idem.*
Mesures à avoine..........	2	*idem.*
Les billots.................	»	»

Mais l'entretien de ces ustensiles est à la charge des corps.

D. Est-il accordé un local particulier pour placer les selles ?

R. Le même réglement porte : « Lorsque les localités le
» permettent , chaque escadron doit avoir une sellerie
» séparée, voisine de l'écurie occupée par les chevaux
» dudit escadron ; mais lorsqu'il est possible d'établir
» des selleries dans les corridors et sur les paliers d'es-
» caliers, il devient inutile de fournir des locaux parti-
» culiers pour cet objet. »

D. Quand le porte-étendard doit-il établir le tableau général du logement ?

R. Dès que le régiment est établi , le porte-étendard remet au colonel un état général des logemens, visé par le major, à qui il en donne le double. Cet état indique le logement particulier de chaque officier , celui de chaque escadron , du petit état-major et du peloton hors rang ; il leur fait connaître successivement les changemens qui ont lieu.

Chaque capitaine-commandant remet le même état , pour son escadron , à son chef d'escadron.

D. Quels sont les autres locaux que le génie met encore à la disposition des corps ?

R. Il est encore fourni un emplacement pour le magasin d'habillement , des ateliers pour les maîtres-ouvriers, des cuisines munies de fourneaux et de marmites ; des forges garnies d'enclumes, bigornes, soufflets, etc. etc., pour les maréchaux ; une forge pour le maître-armurier ; un magasin à poudre ; des chambres au rez-de-chaussée pour les blanchisseuses ; des locaux pour la salle d'armes et les différentes écoles régimentaires ; des salles de théorie ; une chambre pour le cours d'hippiatrique , munie des objets nécessaires à ce cours ; un emplacement pour l'infirmerie régimentaire, des écu-

ries-infirmeries, un manége, des prisons, salles de
police, etc. etc. ; et enfin un corps-de-garde pour la
garde de police.

D. Comment est-il pourvu à l'éclairage des quartiers
et écuries ?

R. Il y est pourvu par les soins du corps, et au
compte de la masse d'entretien du harnachement. C'est
à cet effet que le ministre autorise le versement à cette
masse du produit de la vente des fumiers.

D. Comment doit être chauffé et éclairé le corps-de-
garde établi pour la police au quartier ?

R. Il a déjà été dit que ce chauffage était fourni aux
frais de l'Etat, en dehors des rations de chauffage allouées à un corps.

L'éclairage est également fourni par l'Etat.

CHAPITRE X.

DES HÔPITAUX.

NOTA. Voir le chapitre de la solde pour tout ce qui concerne le
traitement pécuniaire des hommes aux hôpitaux.

D. QUE doit-on faire lorsqu'un homme est dans le
cas d'entrer à l'hôpital ?

R. Aussitot que le chirurgien-major aura déclaré
qu'un homme est dans le cas d'entrer à l'hôpital, le
commandant de l'escadron fera dresser le billet d'entrée
au pied du certificat de cet officier de santé, qui fera
connaître le genre de maladie et l'état du malade. Le
billet, signé du commandant d'escadron, doit indiquer
le numéro de l'homme au registre-matricule et au contrôle annuel, ainsi que son signalement ; il est essentiel
que ce billet soit écrit lisiblement et sans surcharges ;
les dates doivent être en toutes lettres.

D. Le billet d'entrée n'exige-t-il aucune autre formalité ?

R. Avant de remettre ce billet au malade, il doit être soûmis au visa du trésorier, qui doit l'enregistrer et en faire mention sur le billet.

Le brigadier de chambrée le porte ensuite au bureau du sous-intendant militaire, pour y être de nouveau enregistré et visé par le sous-intendant.

D. Que fait-on des effets des hommes allant aux hôpitaux ?

R. Les effets des hommes partant pour les hôpitaux doivent être déposés, par les soins du maréchal-des-logis chef, au magasin d'habillement; chaque paquet doit avoir une étiquette indiquant le numéro de l'escadron et le nom de l'homme; l'état des effets contenus dans le paquet doit être dressé en double expédition; l'une reste au magasin d'habillement, et l'autre est remise au maréchal-des-logis chef, revêtue de la signature du capitaine d'habillement.

Dans les corps, il est habituellement désigné un local particulier pour déposer les effets des hommes allant aux hôpitaux, en remonte, en congé, etc. etc., et c'est l'officier adjoint au capitaine d'habillement qui est chargé de les recevoir.

D. Que doit-on faire à l'égard des effets qui sont laissés aux militaires entrant à l'hôpital ?

R. Le commandant de l'escadron doit veiller à ce qu'ils soient exactement inscrits sur le billet d'entrée, en désignant le nombre et l'espèce des effets; il doit y porter l'indication de la situation de sa masse au jour de son départ.

D. Les officiers ont-ils le droit de faire admettre leurs domestiques dans les hôpitaux ?

R. Oui, mais en temps de guerre seulement, et dans les hôpitaux et ambulances de l'armée; ils signent les billets d'entrée, et mention de l'admission est faite sur les contrôles annuels et livres de détail, dans les colonnes destinées à constater les mutations des officiers.

Ils supportent sur leur solde mensuelle une retenue d'un franc trente centimes, pour chaque journée de sé-jour de leurs domestiques dans les hôpitaux.

D. Que doit faire le commandant d'escadron lors-qu'un sous-officier ou dragon vient à décéder?

R. Lorsqu'un sous-officier ou dragon vient à décéder dans le quartier, le commandant de l'escadron en rend compte sur-le-champ au major, qui prend les mesures nécessaires pour la rédaction de l'acte de décès.

D. Que doit-on faire lorsqu'un officier vient à décéder?

R. Le commandant de l'escadron doit pareillement en faire prévenir de suite le major, qui veille à la rédac-tion de l'acte de décès, fait appeler le juge de paix pour faire apposer les scellés sur les effets du décédé; le scellé doit être levé dans le plus bref délai, en présence d'un officier chargé, par le conseil d'administration, d'y assister, et de signer le procès-verbal de désignation des effets; la vente doit en être faite avec les formalités requises par les lois, et le produit remis au conseil d'administration, qui demeure comptable envers les héritiers du montant de la succession.

Le conseil fait en même temps établir l'état des dettes de l'officier, ainsi qu'il a été déjà expliqué.

D. Les officiers malades sont-ils tenus de se faire traiter aux hôpitaux?

R. Les officiers malades sont admis dans les hôpitaux, mais il leur est permis de se faire traiter chez eux, s'ils le préfèrent; ils reçoivent gratuitement les soins des officiers de santé du corps, mais ils sont tenus de payer les médicamens.

CHAPITRE XI.

DE LA DÉSERTION.

D. Qu'est-ce que la désertion ?

R. La désertion est l'absence illégale d'un corps militaire.

D. Après quelle absence un militaire est-il réputé déserteur, en temps de guerre ?

R. Pendant la guerre, est réputé déserteur tout sous-officier ou soldat qui a abandonné son corps sans permission, ou qui, ayant obtenu un congé, n'a pas rejoint à l'expiration de ce congé ; est réputé avoir abandonné son corps celui qui, à l'armée ou dans une place de guerre, en est absent depuis 24 heures, et dans tout autre lieu, depuis 48 heures ; est réputé n'avoir pas rejoint après l'expiration de son congé, celui qui a dépassé de 8 jours ledit congé sans pouvoir justifier des causes légitimes de son absence.

D. Après quelle absence un militaire est-il réputé déserteur en temps de paix ?

R. En temps de paix, est réputé déserteur tout sous-officier ou soldat qui, ayant plus de 6 mois de service, a abandonné son corps depuis 3 fois 24 heures dans un camp ou une place de guerre, et depuis 8 jours dans tout autre lieu, ou qui a dépassé de 15 jours la durée de son congé.

Est réputé déserteur tout sous-officier ou soldat qui, ayant moins de 6 mois de service, a abandonné son corps depuis 15 jours dans un camp ou dans une place de guerre, et depuis un mois dans tout autre lieu, ou qui a dépassé d'un mois la durée de son congé.

D. Ces jours de repentir sont-ils toujours accordés aux déserteurs ?

R. Les jours de repentir accordés aux militaires qui

ont moins de 6 mois de service, ne peuvent jamais être réclamés pendant la guerre par aucun déserteur, ni, en temps de paix, par les coupables dont la désertion n'est pas individuelle, ou qui ont déserté étant de service.

D. Quel est le délai accordé aux engagés volontaires qui sont en retard de se rendre à leur destination?

R. Si un mois après celui où un engagé volontaire aura dû arriver au corps, il ne s'y est pas rendu, si le chef du corps n'a pas été informé de son entrée à l'hôpital ou de son décès en route, cet engagé sera considéré comme insoumis, recherché comme tel, et puni d'un emprisonnement qui ne pourra être moindre d'un mois ni excéder une année.

D. Quels sont les délais accordés aux jeunes soldats?

R. Tout jeune soldat qui, sans empêchement légitime, ne sera pas rendu à sa destination au jour fixé dans son ordre ou feuille de route, sera signalé comme insoumis, poursuivi comme tel, et puni d'un emprisonnement d'un mois à un an.

Si un jeune soldat mis en activité, a été compris dans un détachement, le délai courra du jour de l'arrivée du détachement.

D. Que doivent faire les commandans d'escadron lorsqu'un homme s'est absenté sans permission?

R. Le commandant de l'escadron dont il fait partie, fera remettre son signalement au major du régiment, afin que cet officier, chargé des poursuites contre les déserteurs, puisse, dans les 24 heures, le faire parvenir au commandant de la gendarmerie du lieu.

D. Quand les hommes aux hôpitaux doivent-ils être poursuivis pour longue absence?

R. Lorsque les hommes portés comme sortis de l'hôpital, d'après les avis que les sous-intendans militaires sont chargés d'envoyer aux corps, n'auront pas rejoint dans les délais prescrits, ils seront présumés déserteurs et recherchés comme tels.

D. Quelle destination doit-on donner aux déserteurs arrêtés?

R. Tout homme signalé comme déserteur, qui aura été arrêté ou se sera présenté volontairement, sera conduit à son corps sous l'escorte de la gendarmerie, et déposé à la prison militaire du lieu.

D. Que prescrivent les réglemens à l'égard des déserteurs ramenés au corps?

R. Si le militaire qui a quitté son corps se représente volontairement ou est ramené au corps dans le délai de grâce accordé au repentir, il pourra n'être passible que d'une peine de discipline; si, au contraire, il ne se représente ou n'a été arrêté qu'après les délais de grâce, le commandant du corps doit adresser une plainte en désertion au général commandant la division militaire où se trouve stationné le corps.

D. Que deviennent ces plaintes entre les mains des généraux commandant les divisions militaires?

R. Ces officiers-généraux transmettent ces plaintes au capitaine-rapporteur près un des conseils de guerre, en lui ordonnant d'instruire l'affaire, et l'on suit, à cet égard, les dispositions prescrites par les lois sur les formes de la procédure, le droit d'appel en révision et l'exécution des jugemens; cependant cet officier-général peut refuser l'information contre le prévenu, mais il doit communiquer dans les 24 heures au ministre de la guerre, les motifs de son refus d'informer.

D. Quand les hommes désertés sont-ils rayés des contrôles?

R. Les militaires absens et ceux prévenus de désertion, doivent être rayés des contrôles annuels lorsqu'il résulte d'un jugement, d'une décision ou d'un fait constaté, qu'ils n'appartiennent plus au corps; ou bien lorsque 6 mois sont écoulés sans qu'on ait pu découvrir ce qu'ils sont devenus. Dans ces 6 mois se trouvent compris, pour les déserteurs, le délai de grâce que nous avons précédemment fait connaître.

D. Les effets emportés par les hommes en désertant, et dont ils ne sont plus pourvus à leur retour, sont-ils à leur charge ?

R. Les hommes qui, en quittant le corps, ont emporté des effets d'habillement doivent, pour ce seul fait, être traduits en jugement; on doit faire payer à ceux qui sont absens et qui rentrent au corps, sur leur masse individuelle, le prix des effets qu'ils n'ont pas rapportés.

CHAPITRE XII.

DE L'ADMINISTRATION DES DÉTACHEMENS.

D. A qui sont confiés les détails de l'administration des détachemens ?

R. Ces détails sont confiés à des conseils d'administration éventuels, lorsqu'il y a au moins trois officiers dans le détachement, et qu'il doit sortir du département où le corps est stationné.

Quand le nombre d'officiers présens est moindre de trois, le commandant du détachement administre seul, sous la surveillance des sous-intendans militaires, et est responsable de l'administration de sa troupe.

NOTA. Les conseils d'administration éventuels devant suivre les mêmes règles que les conseils d'administration principaux, tout ce qui a été dit précédemment leur est applicable, et nous ne traiterons dans ce chapitre que des détachemens administrés par le commandant.

D. Quels états devront être remis au commandant d'un détachement ?

R. Il doit être muni de l'ordre du départ et d'une instruction par écrit sur l'objet de la mission et le service de son détachement; il lui sera remis en outre :

1.º Une feuille de route;

2.º Un certificat de cessation de paiement ;

3.º Un livret de solde ;

4.º Un contrôle annuel des officiers, sous-officiers et dragons, extrait du contrôle général du corps ;

5.º Un contrôle annuel des chevaux avec le numéro et le signalement de chaque cheval ;

6.º Un état détaillé des effets d'habillement et de grand équipement, indiquant la situation de la masse de chaque homme ;

7.º Un état des effets de harnachement ;

8.º Un registre pour inscrire les recettes et les dépenses de toute espèce ;

9.º Un registre pour inscrire les distributions de subsistances en tout genre.

Il sera remis en outre au commandant d'un détachement des imprimés de billets d'hôpitaux, de feuilles de prêt, de feuilles de journées, de feuilles de situation de masses, d'états de solde, de procès-verbaux pour constater la mort des chevaux, et de feuilles de signalement de déserteurs.

Le nombre des états et registres ci-dessus mentionnés peut être réduit à raison de la force et de la durée des détachemens.

D. Quels sont les soins à prendre au départ ?

R. Avant le départ, les effets de linge et chaussure des hommes doivent être mis dans le meilleur état ; il est nécessaire que le commandant s'en assure, en passant, conjointement avec les commandans des escadrons dont ils font partie, une revue de détail de tous ces effets, pour ordonner les remplacemens et les réparations nécessaires.

Le commandant du détachement s'assurera en même temps si les livrets des hommes sont arrêtés, si leur compte-ouvert est conforme à l'état de situation de masse qui lui a été remis, et si les hommes sont pourvus des effets d'habillement, équipement, armement et harnachement, qui sont portés sur le livret de chacun d'eux, et s'ils correspondent aux états détaillés qui lui ont été également remis ; il s'assurera particulièrement si les effets de harnachement n'ont besoin d'aucune répation, et si la ferrure des chevaux est en bon état.

Il se rappellera qu'il est responsable, envers le chef du corps, de l'état de l'armement de son détachement.

D. Le sous-intendant militaire passera-t-il une revue avant le départ ?

R. Lorsqu'un détachement reçoit l'ordre de partir, il doit être passé en revue par le sous-intendant militaire ou par l'autorité chargée de le suppléer. Le résultat de cette revue doit être inscrit sur la feuille de route, ainsi que le temps pour lequel la solde a été payée au détachement, les bons et mandats qui lui ont été délivrés.

D. Quelle doit être la force d'un détachement pour avoir droit aux convois militaires ?

R. Un détachement doit être composé de 25 hommes au moins pour avoir droit aux convois militaires ; tout détachement composé à son départ de 25 hommes, qui se trouve réduit en route à un nombre inférieur, doit continuer, malgré cette réduction, à jouir des convois militaires jusqu'au lieu de sa destination.

D. N'existe-t-il pas quelques dispositions particulières pour les détachemens de remonte ?

R. Tout détachement allant en remonte a droit, quelle que soit sa force, à une voiture à un collier pour le transport de ses effets ; mais tout détachement revenant de remonte n'aura droit à cette allocation que quand son effectif sera de 25 hommes au moins.

D. Comment sera faite la fourniture du pain aux détachemens ?

R. Ainsi qu'à toutes les troupes en marche, la distribution sera faite aux détachemens sur mandats des sous-intendans militaires; le pain leur sera distribué dans tous les gîtes d'étape.

En station, le pain leur sera distribué sur des bons signés du commandant du détachement, au pied d'une situation constatant l'effectif; ces bons seront soumis au visa du sous-intendant.

Les dispositions qui précèdent sont applicables aux fournitures de fourrages.

D. Si un détachement est composé d'hommes de plusieurs corps, les bons doivent-ils être faits pour chacun des corps?

R. Dans ce cas, les bons sont signés par les commandans respectifs de chaque corps, de manière qu'il y ait toujours autant de bons que de corps différens.

D. Comment les ordinaires sont-ils formés?

R. Les ordinaires doivent, autant que possible, être établis d'après ce qui est précédemment indiqué pour les troupes en station, et leur comptabilité se tenir de même.

D. Comment la solde sera-t-elle payée aux détachemens?

R. La solde sera payée aux détachemens, ainsi qu'il a été dit pour les corps, sur des états dressés par les commandans, signés par eux, et ordonnancés par les sous-intendans militaires, et à leur défaut, par les commandans de place, préfets et sous-préfets, à la charge par ces officiers ou fonctionnaires de faire régulariser la dépense par l'intendant militaire de la division.

D. Qui surveillera les distributions faites aux détachemens?

R. Les commandans des détachemens suivront tout ce qui est prescrit au capitaine de semaine, pour les distributions en station; ils reconnaîtront avec soin les denrées mises en distribution, et en vérifieront le poids: ils se feront représenter les registres qui doivent être établis dans les magasins, et y annoteront les observations qu'ils auront à faire.

D. Quelle mesure prendra-t-on contre le militaire présumé déserteur?

R. Aussitôt qu'un homme sera présumé déserteur, le commandant du détachement remettra son signalement à la gendarmerie du lieu, et prendra toutes les mesures convenables pour qu'il soit arrêté; si les démarches restent sans effet jusqu'à l'expiration du délai de grâce, il le portera déserteur sur les contrôles, et en rendra compte, dans les 24 heures, au major du corps, afin que ce dernier puisse envoyer les signalemens, ainsi qu'il est prescrit par les réglemens.

D. Que fera le commandant du détachement lorsqu'il sera forcé de laisser un cheval en arrière?

R. Lorsqu'il se verra dans la nécessité de laisser en arrière un cheval malade ou éclopé, le commandant du détachement demandera un ordre au commandant supérieur de la place, pour mettre ce cheval en subsistance dans un régiment de cavalerie, s'il s'en trouve dans la garnison; s'il n'y en a pas, ou s'il se trouve dans une commune où il n'y a pas de commandant de place, il invitera, et au besoin requerra le maire de loger ce cheval, ainsi que l'homme qui restera pour le soigner. Dans l'un et l'autre cas, il se munira d'un certificat du dépôt du cheval, pour justifier son absence du détachement.

Le militaire recevra l'indemnité de séjour d'un franc par les soins du maire, ainsi que la ration de fourrages qui sera délivrée sur ses bons.

D. Quels états de mutations devra fournir le commandant de détachement?

R. Les états des mutations et mouvemens des détachemens en station doivent être remis tous les jours par le commandant, au sous-intendant sous la police administrative duquel il se trouve.

Ces états ne sont fournis que tous les cinq jours, lorsque le sous-intendant ne se trouve pas dans la même ville que le détachement; il établira en outre tous les dix jours un état de mutations destiné pour le corps, qu'il fera viser par le sous-intendant militaire, et qu'il adressera au conseil d'administration comme il est ci-après indiqué.

Le commandant du détachement doit entretenir une correspondance suivie, tant avec le lieutenant-colonel qu'avec le major, chacun pour ce qui entre dans ses attributions, et adresser au commandant du régiment, aux époques qu'il lui a fixées, un rapport général et détaillé sur tout ce qui concerne son détachement.

D. Comment se fera cette correspondance ?

R. Elle aura lieu sous le couvert du conseil d'administration; les lettres seront sous bandes et contre-signées par le commandant du détachement.

D. Quelle attention devra avoir le commandant du détachement à chaque gîte d'étape ?

R. Avant le départ, il fera demander au maire un certificat de bien-vivre, et fera droit aux réclamations qui pourraient lui être adressées.

D. Quelles sont les mesures à prendre si le livret de solde d'un détachement vient à se perdre ?

R. Cet événement doit être constaté en tête d'un nouveau livret, par un procès-verbal signé des membres du conseil d'administration éventuel, ou bien du commandant du détachement. Ce procès-verbal doit relater, d'après le registre de caisse ou le journal des recettes et dépenses, les différens paiemens qui auront été faits et qui étaient inscrits sur le livret perdu. Ce procès-verbal sera vérifié et approuvé par le sous-intendant militaire en résidence dans la place où cette perte aura été reconnue, et le nouveau livret sera coté et paraphé par lui.

ADMINISTRATION ET COMPTABILITÉ.

Seconde Partie.

Comptabilité en Matières.

CHAPITRE PREMIER.

D. Qu'entend-on par comptabilité en matières ?

R. On entend un compte exact, établi suivant les formes voulues par les réglemens, de toutes les recettes et consommations faites en objets de toute nature, composant le matériel d'un régiment.

D. Quels sont ces objets ?

R. Ce sont les étoffes et marchandises, les effets confectionnés, d'habillement et coëffure, de grand et petit équipement, les effets d'armement, et enfin ceux de harnachement.

D. Comment les corps obtiennent-ils ces effets ?

R. Au moyen de demandes qu'ils font au ministère de la guerre, à l'exception des effets détaillés dans l'état joint à ce travail sous le n.° 7, et de ceux de linge et chaussure, dont ils font eux-mêmes l'achat avec les fonds des masses individuelles et d'entretien.

D. Comment leurs besoins sont-ils constatés ?

R. Ils sont constatés par des états que les corps sont obligés de dresser chaque année, tant pour les remplacemens que pour les premières mises des recrues. Ces états, qui doivent être vérifiés et adressés au ministre de la guerre par les sous-intendans militaires, sont prescrits par les réglemens ; ils sont basés sur des états nominatifs dressés par les escadrons, dont l'exactitude est reconnue au moyen du rapprochement des contrôles généraux.

D. Le ministre fait-il fournir en nature les objets qu'il accorde aux corps ?

R. Par suite des marchés généraux passés par le ministre de la guerre, les corps reçoivent des manufactures ou magasins de l'Etat les étoffes en laine, les casques et les effets de buffleterie. Pour le surplus les fonds sont faits aux corps.

D. Quels sont les objets que les corps sont chargés d'acheter avec les fonds qui leur sont faits ?

R. Ce sont :

Les toiles et treillis,

Quelques effets accessoires de grand équipement,

Les prix de confections des effets d'habillement et de grand équipement,

Les effets de harnachement.

D. Comment se constatent les recettes ?

R. Celles provenant des magasins militaires se constatent par procès-verbal d'expédition ; celles provenant des fabricans, par des factures établies en vertu d'ordres ministériels ; et celles provenant d'achats des corps, par marchés et factures dûment légalisés.

D. Comment se constatent les consommations ?

R. Les consommations en étoffes se constatent par une recette équivalente en effets confectionnés ; celles en effets confectionnés se prouvent par des bons nominatifs des commandans des escadrons ; enfin les expéditions quelconques sur d'autres régimens ou magasins militaires sont constatées par procès-verbaux, ainsi que les pertes provenant d'évènemens imprévus et de force majeure.

D. Comment s'acquittent les fournitures d'étoffes de laine que les corps reçoivent en nature ?

R. Au moyen de mandats de paiement que les conseils d'administration adressent au ministre pour le montant en être ordonnancé au profit des fournisseurs.

D. Quelle précaution y a-t-il à prendre avant l'expédition des mandats ?

R. Les conseils d'administration doivent, dans les trois jours de l'arrivée des étoffes, en faire reconnaître la qualité par deux membres en présence du major. Ce n'est que sur le rapport du major, et d'après la comparaison qui aura été faite des étoffes avec les échantillons envoyés par le ministre, que les mandats sont expédiés.

Il est procédé de même pour la réception des casques.

D. Cette formalité n'est-elle de rigueur que pour les étoffes et les casques ?

R. Il ne doit entrer en magasin aucun effet d'habillement, grand équipement ou de harnachement, que la vérification n'en soit faite, et la réception arrêtée par délibération.

Quand aux effets de buffleterie qui sont expédiés directement des magasins de l'Etat, leur acceptation ayant eu lieu par des commissions spéciales, les corps ne peuvent les refuser, à moins qu'ils ne soient point d'uniforme ou qu'ils soient détériorés, ce qui doit être constaté par procès-verbal du sous-intendant militaire, qui intervient sur la demande que lui en fait le conseil d'administration; mais ces effets n'en doivent pas moins être portés en recette dans les écritures des corps.

La même marche est à suivre pour tout envoi d'étoffes ou effets quelconques, expédiés directement des magasins de l'Etat.

CHAPITRE II.

ÉTOFFES ET FOURNITURES.

D. Quelles sont les principales qualités des draps?

R. D'être fabriqués avec des laines parfaitement épurées;

De n'être point trop tendus à la rame;

D'être dégorgés au retour de la teinture;

D'être de couleur solide;

De ne point perdre au décatissage plus de 3o centimètres sur 20 mètres;

De réunir enfin toutes les qualités de fabrication détaillées dans le cahier des charges des fournisseurs.

D. L'usage des laines mortes est-il admis dans la fabrication des draps?

R. Non, elles sont rigoureusement prohibées.

D. Quelle est la largeur des draps de troupe?

R. Une aune ou 119 centimètres.

D. Doit-on compte en longueur de ce qui manque en largeur?

R. Oui, mais on n'en doit cependant jamais recevoir au-dessous de 115 centimètres de largeur.

D. Quel est le prix commun du drap?

R. Il varie suivant les couleurs et la qualité; le ministre de la guerre détermine exactement ce prix chaque année, et les corps en ont connaissance par la voie du Journal militaire.

D. Quelles sont les meilleures toiles à l'usage des troupes?

R. Celles dans lesquelles il n'entre point d'étoupes, et dont le tissu est bien égal et bien frappé dans toute sa longueur.

D. D'où les tire-t-on?

R. On les tire principalement des départemens du Nord de la France, ainsi que les meilleurs treillis.

D. Quelle est la largeur des unes et des autres?

R. La toile à doublure pour habit de dragons et pour les pantalons, doit avoir 104 centimètres de largeur. La cretonne-coton pour doubler les habits de sous-officiers et les vestes d'écurie, doit avoir 104 centimètres, et le treillis 68 centimètres.

D. Doit-on mouiller les étoffes et la toile à doublure avant de les couper?

R. Oui, pour les étoffes; on les décatit de trois manières, savoir : par l'exposition à la vapeur de l'eau chaude, en les mouillant avec une éponge imbibée d'eau fraîche, ou en les roulant sur une toile mouillée. Ce dernier procédé est le plus en usage.

Quant à la toile, on la fait tremper au moins douze heures; mais on doit se dispenser de mouiller la cretonne-coton.

CHAPITRE III.

HABILLEMENT, COEFFURE ET GRAND ÉQUIPEMENT.

D. Quelle est la composition de l'habillement d'un dragon, et quelle en est la durée?

R. L'habillement d'un dragon au compte de l'Etat se compose des effets ci-après :

Un habit de grande tenue, devant durer...............................	3 ans,
Une veste d'écurie....................	1 an 1/2,
Un pantalon d'ordonnance..........	1 an 1/2,
Un pantalon de cheval..............	1 an 1/2.
Un manteau...........................	9 ans,
Un casque.............................	12 ans,
La crinière...........................	6 ans,
Un bonnet de police.................	3 ans,
Un porte-manteau....................	8 ans.

L'habit des sous-officiers est remplacé après 18 mois; celui remplacé devient habit de petite tenue. Le brigadier promu sous-officier reçoit un habit de drap mi-fin, conserve celui dont il est en possession, et rend la veste d'écurie; le pantalon de tenue à pied, ainsi que le bonnet de police en drap mi-fin, ne sont donnés aux sous-officiers nouvellement promus, qu'à titre de remplacement, et à l'expiration de la durée de ceux dont ils sont pourvus.

D. Qu'entendez-vous par pantalon de tenue à pied et pantalon de cheval devant durer 18 mois?

R. Chaque sous-officier et dragon doit être constamment pourvu de deux pantalons en drap : l'un, garni d'une peau de veau, s'appelle *pantalon de cheval*, et l'autre, non garni, s'appelle *pantalon de tenue à pied*. Néanmoins les corps ne doivent recevoir que les pantalons de tenue à pied et la peau de veau, soit pour première mise des hommes de recrue, soit pour les remplacemens. En conséquence, chaque homme de recrue en arrivant au corps y reçoit : 1.º un pantalon de tenue à pied, neuf; 2.º un pantalon d'ordonnance à moitié usé, provenant des hommes libérés et autres, sur lequel une peau de veau neuve est appliquée pour en faire un pantalon de cheval; ces deux pantalons étant portés concurremment pendant 18 mois, au terme de cette durée, le pantalon de cheval sera mis hors de service, et sera remplacé par le pantalon de tenue à pied, qu'on garnira d'une peau de veau. Le pantalon de tenue à pied sera remplacé par un pantalon neuf.

D. Que devient le pantalon de cheval ainsi remplacé et mis hors de service?

R. Il est laissé à l'homme pour les corvées intérieures du quartier, et au besoin pour le service; il ne peut en disposer qu'après le remplacement du nouveau pantalon de cheval qu'il vient de recevoir.

D. Quelle est la composition de l'équipement, et quelle en est la durée ?

R. L'équipement se compose des effets ci-après :

Un ceinturon, dont la durée
est fixée à.................... 20 ans.
Une giberne et porte-giberne. 20 —
Un cordon de sabre........... 20 —
Une bretelle de fusil.......... 12 —
Un couvre-platine............. 8 —

Toutes les autres parties devant constituer l'habillement et l'équipement complet d'un dragon, telles que le pantalon de treillis, le caleçon, les épaulettes, le plumet, etc. etc., sont à la charge des hommes. (Voir le détail qui en est donné plus loin, au titre *linge et chaussure.*)

D. Combien doivent durer les galons et ornemens d'habits ?

R. Ils ont la même durée que les habits sur lesquels ils sont placés.

D. Les effets d'habillement et d'équipement ne sont-ils jamais remplacés avant l'expiration de leur durée ?

R. Lorsque quelque circonstance extraordinaire les a fait user trop tôt, et qu'ils ne peuvent plus atteindre le terme fixé, leur état est constaté par les inspecteurs-généraux, et le ministre en accorde, s'il le juge à propos, le remplacement par anticipation.

D. Quels sont les effets à délivrer aux nouveaux admis, à leur arrivée ?

R. Un habillement et un grand équipement complets, tel qu'il est détaillé ci-dessus. Mais on entend ici comme nouveaux admis les hommes qui entrent au service, ou qui sont considérés comme arrivant pour la première fois, tels que les prisonniers de guerre rentrés, les condamnés au boulet ou aux travaux publics, graciés, etc. etc. Quant à ceux venant d'autres corps, les effets qu'ils apportent et qui peuvent être mis à l'uniforme, sont déduits de ceux à leur délivrer, si ces effets n'ont point achevé leur durée.

D. Quelles sont les dimensions à observer dans la confection de l'habillement et du grand équipement?

R. Celles établies par les modèles envoyés au corps par le ministère, et déposés dans le magasin pour servir de pièces de comparaison.

D. Est-il permis de s'en écarter?

R. Cela est expressément défendu.

D. Doit-on essayer les vêtemens distribués?

R. Oui, on doit le faire en présence des commandans d'escadron et de l'officier d'habillement; tout ce qui est défectueux est retouché aux frais des maîtres-ouvriers, qui demeurent responsables de leur coupe et de leur façon.

D. Comment marque-t-on les effets d'habillement et d'équipement?

R. Les effets dont la durée est fixée à moins de 6 ans, sont timbrés du trimestre et de l'année de la mise en service, et du numéro de l'homme.

Les effets dont la durée est fixée à plus de 6 ans, sont timbrés de l'année de la mise en service et du numéro qu'ils occupent aux contrôles généraux tenus par l'officier d'habillement; à l'exception des casques, qui, seulement, sont marqués du numéro qu'ils occupent au contrôle général.

D. Par qui doivent être marqués les effets d'habillement et de grand équipement?

R. Les effets d'habillement d'une durée moindre de 6 ans, doivent être marqués du trimestre et de l'année de mise en service au moment de la distribution, par les soins du capitaine d'habillement, et avant la sortie du magasin.

Les effets de longue durée, quels qu'ils soient (habillement ou grand équipement), doivent tous être marqués par les soins de l'officier d'habillement, de l'année de mise en service et du numéro que ces effets occupent aux contrôles généraux.

Les commandans d'escadron ne sont chargés et responsables que de la marque du numéro-matricule de l'homme sur les effets de courte durée.

D. Comment se font les réparations générales?

R. S'il existe un abonnement avec les maîtres-ouvriers, les réparations à l'habillement, au grand équipement, etc. etc., ont lieu au fur et à mesure des besoins, et sans qu'il soit nécessaire d'établir des bons nominatifs, lorsqu'il est reconnu que ces réparations sont au compte du corps.

Lorsqu'il n'y a pas d'abonnement, ou lorsque les réparations ne sont pas au compte de l'abonnement, les commandans des escadrons doivent alors faire marquer les effets à réparer, en établir les bons, les faire viser par l'officier d'habillement ou son adjoint, et envoyer de suite les effets et les bons aux ateliers du régiment.

Toutefois les commandans d'escadron ne doivent signer ces bons qu'autant que les officiers de peloton qui ont dû reconnaître avant eux l'utilité de la réparation, ont apposé leur signature en marge desdits bons.

D. Comment se font les menues réparations?

R. Dans l'intérieur des escadrons par le soldat lui-même, et quand il ne le peut, par les ouvriers des ateliers du corps.

D. Peut-on différer les petites réparations?

R. Non, on doit les faire sur-le-champ, pour qu'elles ne deviennent pas plus considérables.

D. Quelles sont les réparations que le régiment doit payer?

R. Celles occasionnées par vétusté ou par accident dans le service.

D. Quelles sont celles à porter au compte de l'homme?

R. Celles provenant de négligence, de maladresse ou de mauvaise volonté.

D. Le vieil habillement remplacé reste-t-il au soldat?

R. Il ne lui reste que les vieux pantalons; encore ces effets ne lui appartiennent-ils qu'après avoir doublé le temps de leur durée légale.

D. Que doit-on faire après ce second terme?

R. Les vendre au profit de la masse individuelle des hommes; mais le peu de valeur de ces effets ne permettant pas d'exécuter cette partie du réglement, on se borne à obliger l'homme à s'en défaire, et comme il l'entend dans ses intérêts.

D. A quoi servent les vieux effets d'habillement qu'on ne laisse point au soldat?

R. Une portion est conservée pour les réparations, et l'autre est remise aux Domaines; ces effets doivent tous être marqués de la lettre *R*.

D. Quelles sont les précautions à prendre au départ des hommes qui vont en congé?

R. On doit visiter leur habillement à leur départ comme à leur arrivée, et mettre à leur compte les dégradations occasionnées par leur faute. A plus forte raison, cette mesure est-elle à prendre avant le départ des militaires libérés, congédiés, réformés, etc. etc., quittant le corps, afin que leur masse individuelle, qui doit leur être payée, supporte l'imputation des réparations reconnues devoir être à leur charge.

CHAPITRE IV.

ARMEMENT.

D. QUEL est l'armement d'un dragon?

R. Un pistolet, un sabre et un fusil; la hache, le nécessaire d'armes et le tire-balle comptent aussi parmi les effets d'armement.

Il est de plus donné, à titre de première mise, un monte-ressort par escouade.

Le brigadier, chef de chambrée, en est dépositaire et responsable.

D. Sont-ils tous armés de la même manière?

R. Non, mais en général tous les sous-officiers, dragons, trompettes et ouvriers, sont armés d'un sabre.

D. Quelles sont les armes à feu des adjudans?

R. Ils ont chacun deux pistolets.

D. Quelles sont celles des sous-officiers et trompettes?

R. Ils ont chacun un pistolet.

D. Quelles sont celles des brigadiers et dragons montés?

R. Un pistolet et un fusil.

D. Quelles sont celles des dragons non montés?

R. Ils sont armés comme les autres, à l'exception qu'ils n'ont pas de pistolet.

D. A qui les haches sont-elles données?

R. Aux brigadiers et aux dragons de 1.re classe.

D. Quelle est la durée des armes à feu et des armes blanches?

R. Cinquante ans.

D. Quelle est la durée assignée aux haches et aux nécessaires d'armes?

R. La même que dessus.

D. Comment s'en fait le remplacement?

R. Les corps ont droit tous les ans au remplacement de la cinquantième partie de leurs armes, après les inspections générales. Les armes de remplacement sont laissées en dépôt dans les arsenaux, jusqu'à ce que le corps en ait besoin.

D. Que font-ils de celles de réforme?

R. Ils les versent en échange dans les arsenaux.

D. Comment se font les réparations des armes?

R. Elles se font dans l'intérieur des corps, par le

maître-armurier, sous la direction de l'officier d'armement, et suivant les formalités prescrites par le réglement du 50 mars 1822, et les dispositions qui ont été prises ultérieurement.

D. Que prescrit le réglement ?

R. Il veut que les réparations soient données au maître-armurier par abonnement.

Le prix de l'abonnement est fixé par an ainsi qu'il suit :

Pour chaque paire de pistolets.....   1 f » » c
Pour chaque fusil...................   1   20
Pour chaque sabre de cavalerie....   »   25
Pour chaque hache ....   »   05

Le nécessaire et le tire-balle sont entretenus au compte des hommes.

L'abonnement ne comprend que les réparations rendues nécessaires par le service ordinaire des armes et le remplacement des pièces usées ou cassées par l'effet de leur usage habituel : les pièces que le soldat brise ou perd par mauvaise volonté ou par négligence, ainsi que les réparations nécessitées par ces dégradations, sont payées par la masse individuelle.

Le capitaine-commandant doit mettre la plus sévère impartialité à imputer à la charge des hommes, quand il y a lieu, les réparations ou remplacemens des pièces, le maître-armurier ne devant payer que ce que la vétusté ou un accident qu'on n'a pu prévoir, a mis hors de service ou dans le cas d'être réparé. Le major exerce une surveillance générale sur tout ce qui a rapport aux réparations de l'armement ; les contestations qui peuvent s'élever relativement à l'imputation d'une réparation lui sont soumises ; ces contestations sont jugées en dernier ressort par le conseil d'administration.

Le maître-armurier est tenu d'exécuter, dans le plus bref délai, toutes les réparations reconnues nécessaires, soit au compte de l'abonnement, soit au compte du soldat.

Un lieutenant est spécialement chargé dans chaque corps, des détails relatifs à l'armement, sous la direction du capitaine d'habillement. Ce lieutenant est exempt de tout autre service. Un sous-lieutenant de chaque escadron est adjoint au lieutenant d'armement.

D. Quel état doit être tenu par l'officier chargé du détail de l'armement?

R. L'officier chargé du détail de l'armement tiendra un état des armes, portant, 1.º la date de la réception de chaque arme, 2.º le numéro appliqué sur l'arme, 3.º le numéro du registre-matricule du soldat qui a l'arme entre les mains, 4.º la date de la réforme de l'arme, 5.º la date de la remise de l'arme dans les magasins du gouvernement.

D. Quelles sont les formalités pour porter les armes chez l'armurier, lorsqu'elles ont besoin d'être réparées?

R. Les réparations des armes se font sur des bons visés par l'officier de peloton, et approuvés par le commandant de l'escadron, qui indique au compte de qui la réparation doit être imputée. Ces bons doivent être présentés avec l'arme à réparer par le sous-officier du peloton au sous-lieutenant de l'escadron adjoint au lieutenant d'armement, qui donne ses ordres à l'armurier après avoir reconnu que la réparation est bien indiquée.

Après la réparation, l'arme doit être présentée par le maître-armurier au lieutenant d'armement, qui vérifie si cette réparation est bien faite, et alors le lieutenant d'armement doit viser le bon et faire rentrer l'arme à l'escadron.

D. Où doivent être déposées les armes des hommes aux hôpitaux, en congé, etc. etc. ?

R. Les armes des hommes absens par congé, aux hôpitaux, etc. etc. , doivent être déposées dans un magasin particulier, sous la surveillance du lieutenant d'armement, après avoir été visitées et réparées par le maître-armurier, qui d'ailleurs est chargé de leur entretien et de leur conservation pendant leur séjour en magasin; elles doivent être nettoyées par des hommes de corvée.

D. Les pièces nécessaires aux réparations sont-elles faites par l'armurier du corps?

R. Non, cela n'est pas permis; elles doivent être tirées des manufactures royales, contrôlées et conformes aux modèles adoptés par le ministre.

D. Quelles sont ces manufactures?

R. St.-Etienne, Tulle, Maubeuge et Charleville, pour les armes à feu, et Klingenthal pour les armes blanches.

D. Au compte de qui sont les armes emportées par les déserteurs?

R. Au compte des chefs de corps ou de détachemens, à moins qu'il ne soit prouvé par procès-verbal que les déserteurs ont trouvé moyen de se soustraire aux mesures de police, ou ont déserté étant en faction.

D. Les armes doivent-elles être marquées?

R. Elles doivent être marquées d'un numéro d'ordre, depuis le numéro premier jusqu'au numéro présentant le nombre d'armes existant au corps?

D. Comment doivent être appliquées les marques?

R. Les fusils sont marqués sur le plat de la crosse du côté opposé à la platine; les chiffres doivent avoir 4 lignes de hauteur, et sont placés parallèlement au bord de la plaque, et à un pouce au-dessous de ce bord.

Les pistolets sont marqués dans le sens de la longueur de la vis de culasse, en arrière du porte-vis, et avec des chiffres de 3 lignes de hauteur.

Les sabres sont marqués sur la branche principale, du côté opposé à la garde, et vers le milieu de sa longueur, avec des chiffres d'une ligne trois points de hauteur ; les fourreaux sont marqués des mêmes chiffres en dedans, sur le premier bracelet.

Les haches sont marquées sur le côté gauche de la lame, à un pouce du manche ; les chiffres sont de 3 lignes de hauteur.

Les nécessaires d'armes ne sont point marqués.

D. Quelles sont les munitions que reçoivent les corps pour les exercices à feu ?

R. On reçoit ordinairement 15 cartouches à balles, 15 cartouches à poudre, et une pierre et demie à feu par homme présent et par an ; ces quantités varient suivant les ordres que le ministre juge à propos de donner.

D. A quelle époque les reçoit-on, et d'où proviennent-elles ?

R. Du 1.er avril au 30 octobre de chaque année ; on les reçoit des magasins d'artillerie sur une demande des conseils d'administration, visée par l'intendant et approuvée par le général.

D. Envoie-t-on les munitions au corps, ou ce dernier les envoie-t-il prendre ?

R. Il ne les envoie prendre que lorsque les magasins sont éloignés de lui de moins de dix lieues ; dans le cas contraire, le magasin d'artillerie les lui adresse directement.

D. Reçoit-on les cartouches confectionnées ?

R. On ne reçoit que les cartouches à balle confectionnées ; celles à poudre sont faites dans les régimens avec de la poudre que le magasin d'artillerie envoie dans une proportion établie.

D. Combien entre-t-il de poudre dans la confection des cartouches ?

R. Un quarantième de livre pour une cartouche à balle, et un soixantième pour une cartouche à poudre.

D. Comment les corps se procurent-ils les cartouches à balle nécessaires pour les gardes extraordinaires et celles pour les pompes funèbres?

R. Elles sont prises sur les munitions d'exercice, sauf à être remplacées plus tard si le besoin l'exige.

D. Les corps sont-ils comptables de leurs munitions?

R. Oui, et particulièrement des cartouches à balle données pour les gardes et les services qui en exigent.

D. Les hommes doivent-ils rendre les munitions non brûlées?

R. Oui; tous les jours en descendant la garde les armes sont déchargées avec un tire-balle; la poudre et le plomb sont remis aux maréchaux-des-logis chefs, qui en font le versement en magasin.

D. Qu'en fait le régiment?

R. Il les rend à l'artillerie.

D. Combien se paie une cartouche à balle perdue?

R. Dix centimes.

D. Combien se paie une cartouche à poudre?

R. Trois centimes environ ou 5 fr. 40 cent. le kilogramme de poudre.

CHAPITRE V.

HARNACHEMENT.

D. Quelles sont les parties qui composent le harnachement du cheval?

R. Une selle complète, le surfaix, le licol de parade, et le bridon d'abreuvage;

Une schabraque,

Une couverture.

D. Quelle est la durée de ces effets?

R. La selle, la bride, le filet et le surfaix doivent durer.................................... 20 ans.

La couverture........................... 8 —

La schabraque........................... 8 —

Le licol et le bridon d'abreuvoir.... 4 —

D. Quelles dimensions doivent avoir tous ces objets?

R. Celles établies par les modèles déposés au magasin et envoyés par le gouvernement.

Mais on croit devoir indiquer ici que les rênes de bride doivent avoir 52 pouces de long, et le fouet 50 pouces;

Que la longe du licol doit avoir 72 pouces de long;

Que les rênes de bridon doivent avoir 94 pouces de long, enchapure comprise;

Et que ces longueurs doivent toujours être conservées quelles que soient les réparations qui ont pu être faites à ces parties accessoires du harnachement.

Cette note est pour appeler l'attention des commandans d'escadron lorsque ces parties du harnachement sortent de l'atelier après réparations.

D. Quel est le prix d'un harnachement complet?

R. La selle complète avec les accessoires indiqués ci-dessus.................................... 111^f 50^c

    La schabraque......................... 51   19

    La couverture 9   90

D. Quelles sont les matières qui entrent dans un harnachement?

R. Du cuir de Hongrie, du cuir de bœuf et de vache, bien lissés et passés au suif; du cuir jaune, façon de Pont-Audemer. (*Voir la description de toutes les parties qui composent une selle complète et sa schabraque, ainsi que les prix de chaque objet séparément, tableau n.° 11 placé à la fin de cet ouvrage.*)

D. Quelle doit être la qualité des pièces en fer?

R. Elles doivent être en fer forgé et limé, et non en tôle, recevoir leur courbure au feu, et être ensuite placées à froid.

D. Quelle est la grandeur d'une couverture, et son poids?

R. Quatre pieds 4 pouces carrés; elle doit peser un kilogramme et demi.

D. La mutation du cavalier entraîne-t-elle celle du harnachement?

R. Non, le harnachement appartient plus particulièrement au cheval qu'à l'homme, et ne le doit jamais quitter.

D. Quand un cavalier a plusieurs chevaux non-montés à panser, à la garde de qui sont les harnais?

R. A la garde du cavalier, qui doit en répondre comme du sien.

D. Comment se fait le remplacement du harnachement?

R. Chaque année l'inspecteur-général procède à la réforme du harnachement déjà reconnu hors de service par l'intendant militaire; mais le remplacement de ce harnachement n'a lieu qu'après approbation du ministre, et jusque là il continue de compter dans l'effectif des ressources du corps.

D. Doit-on marquer le harnachement?

R. Oui, cela est nécessaire pour connaître sa durée; les selles sont marquées sur le liége, sur la fonte, et le quartier du côté-montoir; les brides sur les fleurons; les couvertures à un des angles, et les schabraques sur la doublure.

D. Quelles doivent être ces marques et comment doivent-elles être appliquées?

R. La selle est marquée, 1.° sur la fonte gauche, du n.° et du nom du cheval auquel elle appartient; 2.° sur le liége côté-montoir, du n.° d'ordre du harnachement au contrôle général, appliqué sur le fleuron en cuivre; 3.° sur le quartier gauche, du millésime de la mise en service, imprimé à froid.

Pour la bride, 1.° de la lettre de l'escadron et du n.° de signalement du cheval, sur le fleuron côté-montoir; 2.° du n.° d'ordre du harnachement, sur le fleuron du côté opposé.

Pour les couvertures et les schabraques, du n.° d'ordre au contrôle général et du millésime de la mise en service.

D. Comment se font les réparations ?

R. De la même manière et suivant les mêmes formalités que celles de l'habillement et équipement, c'est-à-dire par abonnement lorsqu'il y a lieu ; sinon, au moyen des bons signés des officiers de peloton, approuvés par les commandans d'escadron, et visés par l'officier d'habillement ou son adjoint.

D. Que fait-on des effets provenant des chevaux abattus pour cause de morve ?

R. Les effets empreints du virus morveux ne doivent plus être détruits, mais conservés et assainis par les soins du vétérinaire, et par les moyens de désinfection indiqués dans l'instruction du 28 février 1827, qui prescrit l'emploi du chlorure d'*oxide de sodium.*

CHAPITRE VI.

LINGE ET CHAUSSURE, ET EFFETS DE PANSAGE.

D. Quels sont les effets de linge et chaussure et de pansage dont un dragon doit être pourvu, et quel en est le prix ?

R. Un livret..................................... à   » f 25 c
Un pantalon de coutil-coton............. à 3 40
Un pantalon de toile grise............... à 3 70
Trois chemises............................. à 4 10
Un caleçon.................................. à 1 75
Une paire de bretelles.................... à » 43
Une bretelle de sabre .... à » 60
Une paire d'épaulettes .... à 3 13
Un plumet droit et son étui............. à 1 70
Une olive................................... à » 30
Deux paires de gants..................... à 1 60
Une paire de bottes .... à 16 25
Une paire de bottines .... à 12 »»

Deux cols	à	1 f	»» c
Une calotte en coton	à	»	30
Une besace	à	1	07
Un couvre—éperon	à	»	40
Un sac à avoine	à	2	»»
Deux musettes	à	»	65
Une paire de ciseaux	à	»	50
Une éponge	à	»	90
Un peigne	à	»	25
Une brosse	à	1	10
Une étrille	à	»	65
Une corde à fourrages	à	»	70
Une époussette	à	»	60

Et de plus tous les effets de petite monture détaillés dans l'état n.º 5 joint à cet ouvrage.

Ces prix peuvent varier selon les marchés passés par MM. les commandans d'escadron ; mais s'ils devaient excéder la fixation du tarif, il serait indispensable, avant d'effectuer les achats, d'obtenir l'autorisation du sous-intendant militaire ayant la police du corps.

Tous les marchés doivent d'ailleurs être soumis à l'approbation du sous-intendant militaire.

D. Comment et par les soins de qui sont marqués les effets au compte de la masse individuelle ?

R. Ces effets, à l'exception de ceux qui ne peuvent recevoir de marques, tels que ciseaux, cordes à fourrages, etc. etc., sont marqués de la lettre de l'escadron et du n.º de l'homme, par le maréchal-des-logis chef, et sous la responsabilité du capitaine-commandant.

D. Quelle est la durée des effets de petit équipement ?

R. Elle est indiquée approximativement dans l'état n.º 5 dont il vient d'être parlé.

D. Par qui le remplacement en est-il ordonné ?

R. Par le capitaine-commandant, mais toujours en proportion de la faculté pécuniaire de l'homme ; tout homme qui redoit à la masse ne peut recevoir d'effets que sur l'autorisation du major.

On croit utile de rappeler ici ce que prescrit à l'égard

des distributions d'effets de linge et chaussure, le réglement sur le service intérieur; il est dit :

« Pour maintenir les lieutenans et sous-lieutenans
» dans une surveillance et une activité nécessaires à leur
» instruction et utiles aux intérêts du soldat, le capi-
» taine-commandant n'approuve les bons de linge et
» chaussure qu'après qu'ils ont été vérifiés et visés par
» les officiers de peloton; il exige que tous les mois ces
» officiers fassent la revue de détail des effets et la com-
» paraison des livrets. »

On entend par la comparaison des livrets la recherche des effets que l'homme a pu recevoir depuis la dernière revue, en les rapprochant de la partie du livret où doit être portée au dernier mois du trimestre l'indication des effets bons dont l'homme est pourvu; indication qui doit être faite par les officiers de peloton à cette revue du dernier mois du trimestre.

D. Quels sont les officiers chargés des achats des effets de linge et chaussure?

R. C'est aux capitaines-commandans qu'il appartient, sous la surveillance spéciale du major, de pourvoir les dragons des effets qui sont au compte de la masse individuelle, mais ils sont tenus de se conformer aux échantillons que le conseil aura arrêtés.

CHAPITRE VII.

DES RAPPORTS QUI EXISTENT ENTRE LES ESCADRONS ET LES OFFICIERS CHARGÉS DU DÉTAIL.

D. Quels sont les rapports qui existent entre les escadrons et les officiers chargés du détail, et en quoi consistent-ils?

R. Ces rapports sont purement administratifs; ils embrassent les distributions, les réintégrations en magasin, l'entretien et les réparations du matériel, et enfin le réglement de compte à la fin de chaque trimestre.

D. A quel titre se font les distributions ?

R. A titre de première mise pour les nouveaux admis, et de remplacemens pour les anciens soldats.

D. A quelle époque se font les distributions de première mise ?

R. Aussitôt après l'immatriculation des nouveaux admis.

D. A quelle époque se font les remplacemens de petit équipement ?

R. Le réglement prescrit de les faire le premier de chaque mois.

D. A quelle époque se font les remplacemens des effets d'habillement et équipement ?

R. Dans le trimestre qui suit l'échéance de la durée, et autant que possible avant le 15 du second mois ; cependant il faut en excepter les habits de dragons et les bonnets de police des sous-officiers et dragons, lorsque leur remplacement échoit dans le 4.ᵉ trimestre ; dans ce cas il est ajourné aux premiers jours de l'année suivante.

D. Quelle nouvelle date de distribution donne-t-on aux objets en service délivrés pour la seconde fois du magasin ?

R. On leur donne une date postérieure à la première distribution, calculée d'après le temps pendant lequel l'objet est resté en magasin.

D. Le corps peut-il se dispenser de remettre en service les effets rentrés en magasin et provenant des hommes libérés, morts, passés à d'autres corps, etc. etc. ?

R. Non, le corps est obligé de remettre ces effets en service, pour le temps qu'il leur reste à parcourir, et les escadrons sont obligés de les admettre.

D. Quelle règle doit-on suivre dans la distribution de ces effets ?

R. On doit, autant que possible, les remettre en service préférablement aux effets neufs. Ils doivent surtout être délivrés de préférence aux hommes dont l'époque de libération est prochaine, aux hommes réadmis, à ceux dont le remplacement a lieu avant l'expiration de la durée légale des effets, et dans tous les cas on doit se proposer de parvenir à des époques annuelles et communes de remplacement.

D. Que doit faire le capitaine-commandant après une distribution?

R. Faire marquer les effets, ainsi qu'il a été dit, et en faire l'inscription tant sur le livret du soldat et en sa présence, que sur le livre-matricule d'escadron.

D. Ces effets ne sont-ils pas inscrits ailleurs?

R. Ils le sont encore sur le contrôle général de l'habillement, par l'officier chargé de la tenue de ce contrôle.

D. Sur quelle pièce comptable délivre-t-on des effets?

R. Sur des bons nominatifs remis au capitaine d'habillement, indiquant 1.° le numéro de l'homme, 2.° ses nom et prénoms, 3.° son grade; 4.° les quantités d'effets à délivrer, en observant strictement le même ordre de nomenclature qu'au livret.

D. Par qui ces bons sont-ils signés?

R. Ils sont signés par le capitaine-commandant, et visés par le major.

D. Peut-on réunir l'habillement, l'équipement, etc.?

R. L'habillement, la coëffure et les effets d'équipement sont compris dans le même bon; le harnachement, ainsi que le petit équipement doivent être portés sur des bons séparés.

D. Observe-t-on les mêmes règles pour les réintégrations à faire en magasin?

R. Oui, on le doit.

D. Dans quel cas les escadrons ont-ils des réintégrations à faire en magasin?

R. Toutes les fois qu'ils perdent un homme par quelque cause que ce soit.

D. Que doit-on remettre pour les déserteurs?

R. Tous les effets qu'ils n'ont pas emportés.

D. Quels effets sont laissés aux sous-officiers promus officiers ?

R. Les adjudans conservent la totalité des effets dont l'entretien et le remplacement sont à leur charge.

Les autres sous-officiers promus officiers conservent les habits de grande et de petite tenue, les pantalons de cheval et de tenue à pied, et le bonnet de police.

D. Quels effets sont laissés aux hommes admis à la retraite ?

R. La totalité des effets d'habillement et de coëffure dont ils sont pourvus au moment du départ, à l'exception du manteau.

D. Quels effets sont laissés aux hommes libérés du service ou congédiés par réforme, et à ceux remplacés par des militaires du corps qui avaient droit à leur congé ?

R. Les habits de grande et petite tenue, ou la veste d'écurie, le pantalon de cheval, le bonnet de police et un porte-manteau; mais ces effets doivent avoir parcouru au moins la moitié de leur durée.

D. Quels effets sont laissés aux hommes envoyés en congé d'un an ?

R. Les mêmes effets que dessus, à l'exception seulement que les habits et vestes doivent être dans leur dernière année de durée, et que le porte-manteau doit avoir cinq ans de fait; et s'il ne s'en trouve point, il ne leur en est pas fourni.

D. Quels effets sont laissés, 1.º aux militaires renvoyés dans leurs foyers pour inaptitude au service; 2.º à ceux passant dans un corps d'infanterie ou dans la gendarmerie; 3.º aux militaires détenus, mis en jugement ?

R. L'habit de petite tenue pour le dragon, ou la veste d'écurie, le pantalon de cheval, le bonnet de police et un porte-manteau réformé. Les autres effets doivent avoir parcouru au moins la moitié de leur durée.

D. Quels effets sont laissés aux militaires passant d'un

corps dans un autre dont l'uniforme est le même, sauf quelques accessoires ?

R. L'habit de grande et petite tenue, ou pour le dragon la veste d'écurie, les pantalons de cheval et de tenue à pied, le bonnet de police, le casque et le porte-manteau.

D. Quels effets sont laissés à des militaires passant d'un corps dans un autre dont l'uniforme est différent?

R. L'habit de petite tenue ou la veste d'écurie, le pantalon de cheval, le bonnet de police et un porte-manteau réformé.

D. Quels effets sont laissés à un militaire remplacé, lorsque ce militaire a dû verser au trésor l'indemnité d'habillement et former la masse de son remplaçant ?

R. La totalité des effets dont il est pourvu, à l'exception du manteau, du casque, de la giberne et de la buffleterie.

D. Dans toutes les positions ci-dessus, les sous-officiers et soldats doivent-ils emporter leurs effets de linge et chaussure et de pansage ?

R. Oui, sans exception; ils emportent en même temps le pantalon de cheval de seconde durée.

D. Que deviennent les effets venus d'autres corps qui ne peuvent être utilisés?

R. Ils restent en magasin pour être livrés au Domaine avec les effets remplacés.

Il a été dit plus haut que les effets des hommes venus d'autres régimens de cavalerie, doivent rester en service s'ils n'ont point achevé leur durée; dans ce cas, ces effets sont réparés et mis à l'uniforme aux frais de la masse générale d'entretien.

NOTA. Un tableau présentant sommairement tous les cas donnant lieu à la rentrée en magasin des effets d'habillement, de coëffure, etc. etc., est placé à la fin de cet ouvrage, sous le n.º 8.

D. Que deviennent les effets des morts ?

R. On les remet en magasin, après les avoir réclamés aux hôpitaux où les hommes sont décédés.

D. Quelles sont les précautions à prendre par les escadrons avant de réintégrer les effets en magasin?

R. On doit les faire réparer, nettoyer, et les mettre dans le meilleur état de propreté et de salubrité.

Les pantalons de tenue à pied ne peuvent rentrer en service *que comme pantalon de cheval*, et après avoir été lavés; les bonnets de police doivent recevoir une nouvelle coëffe.

D. Le harnachement des chevaux abattus est-il remis en magasin?

R. Oui, après avoir été désinfecté par les moyens ordonnés.

D. Quels effets sont laissés aux sous-officiers et dragons allant en semestre?

R. Il leur est laissé l'habillement complet à l'exception du manteau; ils emportent aussi le casque, le sabre et le ceinturon.

D. Comment sera-t-il pourvu à l'habillement des militaires détenus?

R. Il sera pourvu à l'habillement des militaires condamnés à une simple détention, quelle qu'en soit la durée, et qui continueront de figurer sur les contrôles, par les soins du corps, s'ils sont stationnés dans la division où se trouvent les détenus, et dans le cas contraire, par les soins des sous-intendans militaires; les effets à fournir consistent en veste, pantalon, souliers ou sabots; ces effets seront pris, autant que possible, parmi ceux qui, ayant déjà servi, se trouveront dans les magasins du corps, dans ceux de l'Etat ou des hôpitaux.

D. Quel est le réglement de compte à faire tous les trois mois entre les escadrons et le capitaine d'habillement?

R. Il consiste à vérifier s'il y a une concordance parfaite entre les comptes particuliers des escadrons et les comptes généraux des corps; si les dates des distributions sont conformes de part et d'autre, si les recettes cadrent avec les dépenses du magasin, et si celles du magasin sont égales aux réintégrations faites par les escadrons; et enfin à rétablir, par la comparaison des recettes et dépenses, la situation des escadrons en particulier et de tout le régiment au premier jour de chaque trimestre.

D. Les escadrons font-ils des recettes de plusieurs natures ?

R. Oui, le premier article de recette est le restant au premier de chaque trimestre;

2.° Les recettes directes du magasin pour première mise et pour remplacement;

3.° Les effets venus d'autres corps ou d'autres escadrons;

4.° Les effets rapportés par les déserteurs rentrés.

D. Quelles sont les pertes à déduire des recettes ?

R. Ce sont 1.° les effets remis en magasin provenant des hommes promus officiers, des déserteurs, des congédiés, de ceux passés à d'autres corps, etc. etc.;

2.° Les effets emportés;

3.° Les effets laissés par les décédés dans les hôpitaux;

4.° Les effets perdus par force majeure;

5.° Les effets ayant atteint leur terme de durée.

D. Comment se règle ce compte, et à quelle époque ?

R. Le compte des effets d'habillement, coëffure et grand équipement en service, est présenté par les tableaux *K*, *K bis* et *L* du livre de détail.

Il est réglé entre le commandant d'escadron et l'officier d'habillement, chaque trimestre, après la clôture des registres tenus par l'officier d'habillement, et doit être en rapport parfait avec les résultats présentés par lesdits registres.

les
tes
du
es-
les
ar-
ue
rs
u
re
s-
t
l-
;
t

(Etat N.º 1.er)

TABLEAU présentant l'Organisation d'un Régiment de Dragons sur le pied de paix et sur le pied de guerre.

	PIED DE PAIX				PIED DE GUERRE				OBSERVATIONS.
	Officiers.	Troupe.	CHEVAUX d'officiers.	de troupe.	Officiers.	Troupe.	CHEVAUX d'officiers.	de troupe.	
ÉTAT-MAJOR.									
Colonel	1	»	3	»	1	»	5	»	(a) A droit à 2 chevaux s'il est capitaine.
Lieutenant-colonel	1	»	3	»	1	»	4	»	
Chef d'escadron	2	»	4	»	3	»	12	»	(b) Dont un au dépôt; a droit à deux chevaux.
Major	1	»	2	»	1	»	2	»	
Capitaine-instructeur	1	»	2	»	1	»	2	»	
Adjudant-major	2	»	4	»	3	»	(b)8	»	
Trésorier	1	»	(a)1	»	1	»	(a)1	»	
Adjoint au trésorier (lieut. ou s.-lieut.)	1	»	1	»	1	»	2	»	
Officier d'habillement	1	»	(a)1	»	1	»	(a)1	»	
Porte-étendard	1	»	1	»	1	»	2	»	
Chirurgien-major	1	»	1	»	1	»	3	»	
Chirurgien-aide-major	1	»	1	»	1	»	2	»	
Chirurgien-sous-aide	»	»	»	»	1	»	1	»	
Adjudans-sous-officiers	»	2	»	2	»	3	»	3	Dont un au dépôt.
Adjudant-vaguemestre	»	1	»	1	»	1	»	1	
Vétérinaire en premier	»	1	»	1	»	1	»	1	
Vétérinaire en second	»	1	»	1	»	2	»	2	Dont un au dépôt.
Trompette-maréchal-des-logis	»	1	»	1	»	1	»	1	
Trompette-brigadier	»	1	»	1	»	1	»	1	Reste au dépôt.
Musiciens-gagistes	»	2	»	2	»	2	»	2	
Trompettes	»	»	»	»	»	2	»	2	Pour le dépôt.
Maréchaux-ferrans	»	»	»	»	»	3	»	»	Idem.
PELOTON HORS-RANG.									
Maîtres-ouvriers	»	4	»	»	»	4	»	»	Le maître-armurier et les brigadiers premiers ouvriers sellier, tailleur et bottier, suivront les escadrons de guerre, auxquels on attachera en outre le nombre d'ouvriers hors-rang qu'il sera jugé nécessaire, s'il ne s'en trouve pas d'autres en nombre suffisant dans les escadrons.
Maréchaux-des-logis	»	4	»	»	»	4	»	»	
Brigadier-fourrier d'état-major	»	1	»	»	»	1	»	»	
Brigadiers	»	6	»	»	»	6	»	»	
Cavaliers	»	38	»	»	»	38	»	»	
	14	62	24	9	17	69	45	13	
UN ESCADRON DE DRAGONS.									
Capitaine commandant	1	»	2	»	1	»	3	»	
Capitaine en deuxième	1	»	2	»	1	»	3	»	
Lieutenant en premier	1	»	1	»	1	»	2	»	
Lieutenant en deuxième	1	»	1	»	1	»	2	»	
Sous-lieutenans	2	»	2	»	4	»	8	»	
Maréchal-des-logis-chef	»	1	»	1	»	1	»	1	
Maréchaux des-logis	»	6	»	6	»	8	»	8	
Fourrier	»	1	»	1	»	1	»	1	
Brigadier-élève-fourrier	»	1	»	1	»	1	»	1	
Brigadiers	»	12	»	12	»	16	»	16	Reste au dépôt.
Cavaliers — de première classe	»	32	»	32	»	32	»	32	
Cavaliers — de 2.e classe montés	»	69	»	69	»	98	»	98	
Cavaliers — de 2.e classe non montés	»	20	»	»	»	16	»	»	
Maréchaux-ferrans	»	3	»	»	»	3	»	3	
Trompettes	»	3	»	3	»	3	»	3	
	6	148	8	125	8	179	18	163	

RÉCAPITULATION.

	Officiers.	Troupe.	Chevaux	
			d'officiers.	de troupe.
PIED DE PAIX — Etat-major et peloton hors-rang.	14	62	24	9
Sous-lieutenans à la suite	3	»	3	»
6 escadrons	36	888	48	750
Complet d'un régiment sur le pied de paix.	53	950	75	759
PIED DE GUERRE — Etat-major et peloton hors-rang.	17	69	45	13
Sous-lieutenans à la suite.	»	»	»	»
6 escadrons	48	1074	108	978
Complet d'un régiment sur le pied de guerre.	65	1143	153	991

NOTE EXPLICATIVE DE L'ARTICLE 4 DE L'ORDONNANCE ROYALE du 19 Février 1831.

RÉPARTITION DU PELOTON HORS-RANG.

	Maîtres-ouvriers.	Maréchaux-des-logis.	Brigadier-fourrier d'état-major.	Brigadiers.	Cavaliers.
Bureau du major et du trésorier — 1 premier secrétaire	»	1	»	»	»
1 second secrétaire.	»	»	»	1	»
2 secrétaires.	»	»	»	»	2
Bureau de l'habillement — 1 sous-officier chargé du magasin.	»	1	»	»	»
1 secrétaire.	»	»	»	»	1
Comptabilité du petit état-major et du peloton hors-rang	»	»	1	»	»
Infirmerie des chevaux et service des écuries — 1 sous-officier chargé des détails relatifs à l'éclairage et aux ustensiles d'écurie	»	1	»	»	»
1 cavalier	»	»	»	»	1
Escrime — 1 maître d'armes.	»	1	»	»	»
2 prévôts	»	»	»	2	»
Atelier du sellier — 1 maître-sellier.	1	»	»	»	»
1 premier ouvrier	»	»	»	1	»
6 ouvriers	»	»	»	»	6
Atelier de l'armurier — 1 maître-armurier	1	»	»	»	»
2 ouvriers	»	»	»	»	2
Atelier du tailleur — 1 maître-tailleur	1	»	»	»	»
1 premier ouvrier	»	»	»	1	»
14 ouvriers	»	»	»	»	14
Atelier du bottier — 1 maître-bottier	1	»	»	»	»
1 premier ouvrier	»	»	»	1	»
12 ouvriers	»	»	»	»	12
	4	4	1	6	38
Ce chiffre 53 n'est point invariable.			53		

(N.º 2.)

TARIF de la SOLDE d'un *Régiment de Dragons.*

GRADES.	SOLDE DE PRÉSENCE.					SOLDE D'ABSENCE. PAR JOUR.				SUPPLÉMENT de solde dans Paris, par jour.	OBSERVATIONS.	MASSE INDIVIDUELLE.
	Par an.	Par mois.	Avec vivres de campagne, ou sans vivres d'aucune espèce.	En station, avec le pain seulement pour la troupe.	En marche, avec le pain seulement pour la troupe.	En congé ou en semestre.	A l'hôpital.	A l'hôpital étant en semestre ou en congé.	En captivité.			
	f c	f c m	f c m	f c m	f c m	f c m	f c m	f c m	f c m	f c m		»f »c
Colonel	5,500 00	458 33 3	15 27 7	15 27 7	20 27 7	7 63 8	12 27 7	4 63 8	7 63 8	3 05 5	(A) Ce supplément n'est pas déterminé.	
Lieutenant-colonel	4,700 00	391 66 6	13 05 5	13 05 5	17 55 5	6 52 7	10 05 5	3 52 7	6 52 7	2 22 2	(B) Moitié de la solde affectée à son grade.	
Chef d'escadron et major	4,000 00	333 33 3	11 11 1	11 11 1	15 11 1	5 55 5	8 11 1	2 55 5	3 47 2	(A)	Ou bien la solde de son grade si cette solde est supérieure.	
Capit.^{ne}-instructeur en chef, cap.^{ne} en 1.er	3,125 00	260 41 6	8 68 0	8 68 0	11 68 0	3 47 2	6 68 0	1 47 2	3 19 4	(A)		
Idem, capitaine en second	2,875 00	239 58 3	7 98 6	7 98 6	10 98 6	3 19 4	5 98 6	1 19 4	(B)	1 59 7		
Adjudant-major	2,300 00	191 66 6	6 38 8	6 38 8	9 38 8	3 19 4	4 38 8	1 19 4	(B)	1 48 1		
Trésorier	1,600 00	133 33 3	4 44 4	4 44 4	6 94 4	2 22 2	2 94 4	0 72 2			Suivant son grade.	
Adjoint au trésorier											Suivant son grade.	
Officier d'habillement												
Porte-étendard	1,450 00	120 83 3	4 02 7	4 02 7	6 52 7	2 01 3	2 52 7	0 51 3	1 73 6	1 34 2		
Chirurgien-major. — Jusqu'à 10 ans de service dans le grade	2,000 00	166 66 6	8 33 3	5 55 5	8 55 5	2 77 7	3 95 5	1 17 7	2 77 7	1 38 8		
De 10 à 20 ans *idem*	2,200 00	183 33 3	9 16 6	6 11 1	9 11 1	3 05 5	4 51 1	1 45 5	3 05 5	1 52 7		
De 20 à 30 ans *idem*	2,400 00	200 00 0	10 00 0	6 66 6	9 66 6	3 33 3	5 06 6	1 73 3	3 33 3	1 66 6		
De 30 et au-dessus *idem*	2,700 00	225 00 0	11 25 0	7 50 0	10 50 0	3 75 0	5 90 0	2 15 0	3 75 0	1 87 5		
Chirurgien-aide-major. — Avant 10 ans de grade	1,500 00	125 00 0	6 25 0	4 16 6	6 66 6	2 08 3	2 96 6	0 88 3	2 08 3	1 38 8		
De 10 à 20 ans *idem*	1,600 00	133 33 3	6 66 6	4 44 4	6 94 4	2 22 2	3 24 4	1 02 2	2 36 1	1 57 4		
De 20 à 30 ans *idem*	1,700 00	141 66 6	7 08 3	4 72 2	7 22 2	2 36 1	3 52 2	1 16 1	2 50 0	1 66 6		
De 30 et au-dessus *idem*	1,800 00	150 00 0	7 50 0	5 00 0	7 50 0	2 50 0	3 80 0	1 30 0	2 50 0	1 66 6		

ESCADRONS.

GRADES.	Par an.	Par mois.	Avec vivres de campagne, ou sans vivres d'aucune espèce.	En station, avec le pain seulement pour la troupe.	En marche, avec le pain seulement pour la troupe.	En congé ou en semestre.	A l'hôpital.	A l'hôpital étant en semestre ou en congé.	En captivité.	Supplément de solde dans Paris, par jour.	Masse individuelle.
Capitaine en premier	2,500 00	208 33 3	6 94 4	6 94 4	9 94 4	3 47 2	4 94 4	1 47 2	3 47 2	1 73 6	
Capitaine en second	2,300 00	191 66 6	6 38 8	6 38 8	9 38 8	3 19 4	4 38 8	1 19 4	3 19 4	1 59 7	
Lieutenant en premier	1,650 00	137 50 0	4 58 3	4 58 3	7 08 3	2 29 1	3 08 3	0 79 1	2 29 1	1 52 7	
Lieutenant en second	1,450 00	120 83 3	4 02 7	4 02 7	6 52 7	2 01 3	2 52 7	0 51 3	2 01 3	1 34 2	
Sous-lieutenant	1,350 00	112 50 0	3 75 0	3 75 0	6 25 0	1 87 5	2 50 0	0 62 5	1 87 5	1 25 0	

SOUS-OFFICIERS ET SOLDATS.

PETIT ÉTAT-MAJOR.

GRADES.	Par an.	Par mois.	Avec vivres de campagne, ou sans vivres d'aucune espèce.	En station, avec le pain seulement pour la troupe.	En marche, avec le pain seulement pour la troupe.	En congé ou en semestre.	A l'hôpital.	A l'hôpital étant en semestre ou en congé.	En captivité.	Supplément de solde dans Paris, par jour.	Masse individuelle.
Adjudant-sous-officier	» »	» »	1 85 2	2 00 0	2 85 0	0 80 0	0 53 3	0 26 6	» »	0 54 0	»f »c
Vétérinaire en premier avant 10 ans de grade	1,200 00	100 00 0	3 33 3	3 33 3	4 83 3	1 66 6	1 11 1	0 64 8	» »	1 29 6	»f »c
Idem après 10 ans de grade	1,400 00	116 66 6	3 88 8	3 88 8	5 38 8	1 94 4	1 29 6	0 37 0	» »	0 74 0	»f »c
Vétérinaire en second avant 10 ans de grade	800 00	66 66 6	2 22 2	2 22 2	3 47 2	1 38 8	0 92 5	0 46 2	» »	0 92 5	0 15
Idem après 10 ans de grade	1,000 00	83 33 3	2 77 7	2 77 7	4 02 7	0 40 0	» »	» »	» »	0 30 0	0 15
Trompette-maréchal-des-logis	» »	» »	1 15 0	1 30 0	1 50 0	0 40 0	» »	» »	» »	0 32 5	0 15
Trompette-brigadier	» »	» »	0 80 0	0 95 0	1 05 0	0 31 5	» »	» »	» »	0 20 0	» »
Maîtres — sellier / armurier / tailleur et bottier	» »	» »	0 70 0	0 85 0	1 05 0	0 27 5	» »	» »	» »	0 20 0	» »

ESCADRONS.

GRADES.	Par an.	Par mois.	Avec vivres de campagne, ou sans vivres d'aucune espèce.	En station, avec le pain seulement pour la troupe.	En marche, avec le pain seulement pour la troupe.	En congé ou en semestre.	A l'hôpital.	A l'hôpital étant en semestre ou en congé.	En captivité.	Supplément de solde dans Paris, par jour.	Masse individuelle.
Maréchal-des-logis chef	» »	» »	1 03 0	1 18 0	1 43 0	0 34 0	» »	» »	» »	0 25 2	0 15
Maréchal-des-logis et fourrier	» »	» »	0 70 0	0 85 0	1 05 0	0 27 5	» »	» »	» »	0 20 0	0 15
Brigadier-élève-fourrier	» »	» »	0 60 0	0 75 0	0 95 0	0 22 5	» »	» »	» »	0 16 0	0 15
Brigadier	» »	» »	0 40 0	0 55 0	0 65 0	0 13 5	» »	» »	» »	0 13 5	0 15
Dragon de première classe	» »	» »	0 30 0	0 45 0	0 55 0	0 06 5	» »	» »	» »	0 06 5	0 15
Dragon de deuxième classe	» »	» »	0 25 0	0 40 0	0 50 0	0 06 5	» »	» »	» »	0 06 5	0 15
Trompette	» »	» »	0 62 0	0 77 0	0 87 0	0 25 0	» »	» »	» »	0 25 0	0 15
Élève trompette	» »	» »	0 25 0	0 40 0	0 50 0	0 06 5	» »	» »	» »	0 06 5	0 15
Enfant de troupe	» »	» »	» »	0 23 5	0 43 5	» »	» »	» »	» »	0 08 0	» »

Nota. Les officiers d'état-major détachés à la suite des corps reçoivent la solde de la 2.e classe de leur grade. — Les sous-officiers et brigadiers du peloton hors rang reçoivent la même solde que les sous-officiers et brigadiers des escadrons. Les dragons-ouvriers sont payés de 2.e classe.

(N.º 3.)

TARIF des supplémens à la solde de route pour distances d'étapes parcourues en un jour en sus de la première.

DÉSIGNATION DES GRADES.	SOMMES.
Colonel	2^f 00^c 0^m
Lieutenant-colonel	1 80 0
Chef d'escadron et major	1 60 0
Capitaine	1 20 0
Adjudant-major	1 20 0
Chirurgien-major	1 20 0
Trésorier *(suivant son grade)*.	» »» »
Officier d'habillement *(suivant son grade)*.	» »» »
Porte-étendard	1 00 0
Lieutenant	1 00 0
Sous-lieutenant	1 00 0
Adjudant-sous-officier et maréchal-vétérinaire en premier	0 40 0
Maréchal-des-logis chef	0 16 0
Maréchal-des logis et fourrier	0 14 0
Maréchal-des-logis-trompette et maréchal-vétérinaire en second	0 14 0
Maîtres-ouvriers	0 14 0
Brigadier	0 10 0
Brigadier-trompette	0 10 0
Dragon , trompette et enfant de troupe	0 10 0

EXTRAIT du Tarif général du nombre de Rations allouées à chaque grade.

DÉSIGNATION des GRADES.	SUR LE PIED de paix.			SUR LE PIED DE GUERRE et de rassemblement.						
	VIVRES. Pain.	Chauffage.	Fourrages.	VIVRES. Pain.	Riz ou légumes secs.	Sel.	Viande.	Chauffage.	Fourrag's.
Colonel	»	»	3	3	3	3	3	6	5
Lieutenant-colonel . . .	»	»	3	3	3	3	3	6	4
Chef d'escadron	»	»	2	2	2	2	2	4	4
Capitaine-instructeur.	»	»	2	2	2	2	2	4	2
Adjudant-major	»	»	2	2	2	2	2	4	3
Trésorier	»	»	(*)	2	2	2	2	4	(*)
Officier d'habillement.	»	»	(*)	2	2	2	2	4	(*)
Adjoint au trésorier . .	»	»	1	2	2	2	2	4	2
Porte-étendard	»	»	1	2	2	2	2	4	2
Chirurgien-major	»	»	1	2	2	2	2	4	3
Chirurgien-aide	»	»	1	2	2	2	2	4	2
Chirurgien-sous-aide .	»	»	»	2	2	2	2	4	1
Vétérinaire en 1.ᵉʳ . . .	»	»	»	1	1	1	1	2	»
Vétérinaire en 2.ᵉ	»	»	»	1	1	1	1	2	»
Sous-officiers et fourr.ʳˢ	1	2	»	1	1	1	1	2	»
Brigadiers, dragons et enfans de troupe . . .	1	1	»	1	1	1	1	1	»

(*) Les trésoriers et officiers d'habillement reçoivent sur le pied de paix l'indemnité représentative de fourrages, et sur le pied de guerre, les fourrages en nature, d'après le nombre de rations attribué au grade dont ils sont titulaires.

[N.° 5.]

EFFETS au compte de la Masse individuelle.

DESIGNATION des EFFETS.	Quantité d'effets necessaires sur le pied de paix comme sur le pied de guerre, aux troupes à cheval.	Durée de chaque effet.	OBSERVATIONS.
Pantalons { de toile blanche.	1	1 an.	
Pantalons { de toile grise....	1	1 an.	
Caleçon................	1	1 an.	
Bretelles { de pantalon....	1	1 an.	
Bretelles { de sabre.......	1	8 ans.	
Epaulettes.............	1	comme l'habit.	
Plumet droit..........	1	2 ans.	
Etui de plumet et olive....	1	2 ans.	COMPOSITION DE LA PETITE MONTURE.
Gants (paire)..........	1	2 ans.	
Bottes (*idem*)..........	1	ensemble 30 mois.	
Bottines (*idem*).........	1		
Chemises.............	3	6 mois.	
Cols..................	2	6 mois.	
Souliers (paire).........	»	»	
Calotte de coton........	1	1 an.	
Besace................	1	8 ans.	
Cache-éperons..........	1	8 ans.	
Sac à avoine...........	1	1 an.	
Musettes..............	2	1 an.	
Ciseaux...............	1	8 ans.	
Eponge...............	1	1 an.	
Peigne................	1	2 ans.	
Brosse................	1	2 ans.	
Etrille...............	1	1 an.	
Corde à fourrage.........	1	4 ans.	
Fouet.................	1	8 ans.	
Livret................	1	8 ans.	
Effets de petite monture....	1	8 ans.	

COMPOSITION DE LA PETITE MONTURE.

EFFETS.	Quantités. (Troupes à cheval.)
Boutons de sous-pied...........	4
Boucle de pantalon.............	1
Tampon de fusil...............	1
Epinglette...................	1
Trousse en veau garnie des objets ci-après..............	1
Brosse à éclaircir..............	1
Patience....................	1
Peigne à décrasser.............	1
Alène emmanchée..............	1
Fil blanc (écheveau)...........	1
Fil noir (*idem*)...............	1
Paire de ciseaux...............	1
Dé à coudre..................	1
Aiguilles....................	3
Plombs de pierres à feu.........	2
Mouchoir de poche.............	2
Brosse à habits...............	1
Brosse double pour souliers....	1
Boîte à graisse................	1

[N.° 6.]

—

EFFETS à la charge des fonds affectés au service de l'Habillement.

DÉSIGNATION des EFFETS.	En garnison ou en marche dans l'intérieur.	Sur le pied de guerre.	Durée des effets. Pour dragons.
HABILLEMENT. Habit { de s⁵-officier { de grande tenue..	1	1	1 an 1/2
Habit { de s⁵-officier { de petite tenue...	1	1	1 au 1/2
de troupe....................	1	1	3 ans.
Manteau........................	1	1	9 ans.
Veste d'écurie.....................	1	1	1 an 1/2
Porte-manteau.....................	1	1	8 ans
Bonnet de police....................	1	1	3 ans.
Pantalon de tenue à pied...........	1	1	1 an 1/2
Pantalon de cheval................	1	1	1 an 1/2
COEFFURE. — Casque...................	1	1	12 ans.
G.ᵈ ÉQUIP.ᵗ Ceinturon....................	1	1	20 ans.
Giberne.....................	1	1	20 ans.
Porte-giberne....................	1	1	20 ans.

Les militaires promus au grade de sous-officier reçoivent un habit neuf en drap mi-fin ; ils conservent pour la petite tenue l'habit de drap ordinaire dont ils sont pourvus. Les anciens sous-officiers conservent, pour la petite tenue, l'habit qui a atteint le terme de sa durée légale.

Les sous-officiers venant d'un autre corps ne reçoivent qu'un habit, et conservent celui qu'ils apportent, pour la petite tenue.

—

EFFETS au compte de la Masse générale d'entretien.

INDICATION des portions de la masse sur lesquelles doivent être imputées les dépenses.	DÉSIGNATION des EFFETS.		Quantité d'effets nécessaires sur le pied de paix comme sur le pied de guerre, aux troupes à cheval.	Durée des effets.
1.re PORTION.	Équipement de trompette.	Trompette............	1	20 ans.
		Cordon de trompette	1	4 ans.
2.e PORTION.	Objets communs à divers grades.	Banderolle-porte-drapeau.	1	20 ans.
		Bretelle de fusil...	1	12 ans.
		Cordon de sabre	1	8 ans.
		Couvre-platine..........	1	8 ans.
		Galons de grade et d'ornement non compris dans les frais de confection..	»	La durée des vêtemens sur lesquels ils sont apposés.
		Galon de chevron.......	»	
		Habillement des enfans de troupe...............	»	Comme l'habit de la troupe.
		Blouses et pantalons des cuisiniers	»	1 an.

| | TROUPES A CHEVAL. | | | | | | | |
| | Habit de | | Veste. | Pantalon de cheval. | Pantalon de tenue à pied. | Bonnet de police. | Casque. | Porte-manteau. |
	grande tenue.	petite tenue.						
1.° Sous-officiers promus officiers.....	1	1	»	1	1	1	»	1
2.° Hommes admis à la retraite. { Sous-officiers.	1	1	»	1	1	1	»	1
Soldats......	1	»	1	1	1	1	»	1
3.° Congédiés ou réformés par suite de blessures ou infirmités contractées au service, envoyés en congé d'un an renouvelable { Sous-officiers.	1	1	»	1	1	1	»	1
Militaires en activité remplacés par d'autres militaires venant d'avoir droit à leur congé. { Soldats......	1	»	1	1	1	1	»	1
4.° Semestriers. { Sous-officiers.	1	1	»	1	1	1	1	1
Soldats......	1	»	1	1	1	1	1	1
5.° Renvoyés dans leurs foyers pour inaptitude au service, passant d'un corps de quelque arme que ce soit dans une compagnie de discipline, *et vice versâ*, détenus mis en jugem.t { Sous-officiers.	»	1	»	1	»	1	»	1
Soldats.......	»	»	1	1	»	1	»	1
6.° Passant d'un corps de ligne dans la gendarmerie ou dans la garde municipale. { Sous-officiers.	»	1	»	1	»	1	»	1
Soldats......	»	»	1	1	»	1	»	1
7.° Passant d'un corps dans un autre dont l'uniforme est le même sauf quelques accessoires. { Sous-officiers.	1	1	»	1	1	1	»	1
Soldats......	1	»	1	1	1	1	»	1
8.° Passant d'un corps dans un autre dont l'uniforme est différent. { Sous-officiers.	»	1	»	1	1	1	»	1
Soldats......	»	»	1	1	1	1	»	1
9.° Remplacés ayant acquitté le montant de l'indemnité d'habillement. { Sous-officiers. Soldats......			Ils emportent la totalité de leurs effets à l'exception du manteau, de la giberne, de la buffleterie et du casque.					

Observations générales. Les adjudans-sous-officiers, les vétérinaires et les maîtres-ouvriers emportent la totalité des effets dont l'entretien et le remplacement sont à leur charge. Dans les troupes à cheval les hommes qui se retirent définitivement du service ou qui passent dans un corps où leur porte-manteau ne serait pas d'uniforme, ne doivent emporter qu'un porte-manteau reformé ou dans sa dernière année de durée. Dans les catégories ci-dessus prévues, n.os 1, 2, 4, 7, 8 et 9, les hommes emportent leurs propres effets; dans toutes les autres catégories, et lorsque ces effets sont de distribution récente, ils doivent être échangés contre des objets ayant parcouru au moins la moitié de leur durée.

Enfin, les effets emportés par un homme passant d'un corps dans un autre, doivent être maintenus en service jusqu'à l'expiration de la durée légale. Dans toutes les positions les sous-officiers et soldats conservent en sus des effets ci-dessus désignés, le pantalon de cheval dont la durée est expirée, ainsi que tous les effets dont l'achat et l'entretien sont au compte des masses individuelles.

Observation particulière aux semestriers. Ils emportent en outre le casque, le sabre et le ceinturon.

Observation particulière aux hommes envoyés en congé d'un an. Ils ne doivent emporter qu'un porte-manteau hors de service ou ayant au moins 5 ans de fait; et s'il n'y en a point, il ne leur en est fourni aucun. Les habits et vestes doivent être dans leur dernière année de durée légale.

[**N.° 9.**]

—

TABLEAU des fournitures pour chauffage et éclairage des corps-de-garde.

La durée du chauffage et de l'éclairage des corps-de-garde et écoles régimentaires se divise en saisons distinguées en premier et dernier mois d'hiver, mois de plein hiver, mois d'été. La durée de chaque saison varie selon les localités, conformément au tableau ci-dessous, d'après lequel on compte, SAVOIR :

Dans les départem.^s où le chauffage d'hiver dans les casernes commence

AU 1.er DÉCEMBRE.....
- Un premier mois d'hiver, novembre.
- Trois mois de plein hiver, du 1.er décembre au dernier jour de février.
- Un dernier mois d'hiver, mars.
- Sept mois d'été, du 1.er avril au 31 octobre.

AU 16 NOVEMBRE.....
- Un premier mois d'hiver, du 16 octobre au 15 novembre inclus.
- Quatre mois de plein hiver, du 16 novembre au 15 mars.
- Un dernier mois d'hiver, du 16 mars au 15 avril.
- Six mois d'été, du 16 avril au 15 octobre.

AU 1.er NOVEMBRE.....
- Un premier mois d'hiver, octobre.
- Cinq mois de plein hiver, du 1.er novembre au 31 mars.
- Un dernier mois d'hiver, avril.
- Cinq mois d'été, du 1.er mai au 30 septembre.

chaque jour, dans les proportions indiquées au *Tarif ci-après :*

chaque jour, dans les proportions indiquées au Tarif ci-après :

CLASSE des corps-de-garde.	SAISONS.	CHAUFFAGE.			Eclairage en chandelles au nombre.	OBSERVATIONS.
		EN BOIS		En charbon de terre.		
		Au stère.	Au poids.			
			kil. h.	kil. h.		
1.re CLASSE. — 16 hommes et au-dessus.	Premier mois d'hiver............	1/6.e	28 0	24 0	4	
	Mois de plein hiver............	1/3.e	56 0	48 0	5	
	Dernier mois d'hiver............	1/6.e	28 0	24 0	4	
	Mois d'été....................	»	»	»	3	
2.e CLASSE. — De 8 à 15 hommes.	Premier mois d'hiver............	1/8.e	24 0	19 0	3	
	Mois de plein hiver............	1/4.e	48 0	38 0	4	
	Dernier mois d'hiver............	1/8.e	24 0	19 0	3	
	Mois d'été....................	»	»	»	2	
3.e CLASSE. — 7 hommes et au-dessous.	Premier mois d'hiver............	1/10.e	20 0	17 0	3	Il est ajouté un fagot d'allumage par jour et par corps de-garde lorsqu'on délivre du charbon de terre.
	Mois de plein hiver............	1/5 e	40 0	34 0	4	
	Dernier mois d'hiver............	1/10.e	20 0	17 0	3	
	Mois d'été....................	»	»	»	2	
4.e CLASSE. — Ou chambre d'officier.	Premier mois d'hiver............	1/10.e	20 0	17 0	3	
	Mois de plein hiver............	1/5.e	40 0	34 0	4	
	Dernier mois d'hiver............	1/10.e	20 0	17 0	3	
	Mois d'été....................	»	»	»	2	
Ecole d'enseignement mutuel.	Premier mois d'hiver............	1/20.e	10 0	8 5	»	
	Mois de plein hiver............	1/10.e	20 0	17 0	»	
	Dernier mois d'hiver............	1/20.e	10 0	8 5	»	
	Mois d'été....................	»	»	»	»	

TABLEAU destiné à faire connaître le nombre de mois d'hiver et d'été compris dans chaque département pour le Chauffage de la Troupe.

Divisions militaires.	Départemens.	Mois d'hiver.	Mois d'été.	OBSERVATIONS.
1.re	Seine	quatre.	huit.	
	Seine-et-Oise	idem.	idem.	
	Aisne	cinq.	sept.	
	Seine-et-Marne	quatre.	huit.	
	Oise	idem.	idem.	
	Loiret	idem.	idem.	
	Eure-et-Loir	idem.	idem.	
2.e	Ardennes	cinq.	sept.	
	Meuse	idem.	idem.	
	Marne	idem.	idem.	
3.e	Meurthe	idem.	idem.	
	Moselle	idem.	idem.	
	Vosges	idem.	idem.	
4.e	Indre-et-Loire	quatre.	huit.	
	Loir-et-Cher	idem.	idem.	
	Maine-et-Loire	idem.	idem.	
	Mayenne	idem.	idem.	
5.e	Bas-Rhin	idem.	idem.	
6.e	Doubs	idem.	idem.	
	Jura	idem.	idem.	
	Haute-Saône	idem.	idem.	
7.e	Ain	idem.	idem.	
	Isère	idem.	idem.	
	Drôme	quatre.	huit.	
	Hautes-Alpes	cinq.	sept.	
	Rhône	quatre.	huit.	
8.e	Basses-Alpes	idem.	idem.	
	Vaucluse	idem.	idem.	
	Bouches-du-Rhône	trois.	neuf.	
	Var	idem.	idem.	
9.e	Ardèche	idem.	idem.	
	Gard	idem.	idem.	
	Lozère	idem.	idem.	
	Hérault	idem.	idem.	
	Aveyron	idem.	idem.	
10.e	Aude	idem.	idem.	
	Pyrénées-Orientales	quatre.	huit.	
	Ariège	idem.	idem.	
	Haute-Garonne	idem.	idem.	
	Hautes-Pyrénées	idem.	idem.	
	Gers	idem.	idem.	
	Tarn-et-Garonne	idem.	idem.	
	Tarn	trois.	neuf.	

Divisions militaires.	Départemens.	Mois d'hiver.	Mois d'été.	OBSERVATIONS.
11.e	Landes	quatre.	huit.	
	Gironde	idem.	idem.	
	Basses-Pyrénées	idem.	idem.	
12.e	Charente-Inférieure	cinq.	sept.	
	Loire-Inférieure	idem.	idem.	
	Deux-Sèvres	quatre.	huit.	
	Vendée	cinq.	sept.	
	Vienne	quatre.	huit.	
13.e	Côtes-du-Nord	cinq.	sept.	
	Finistère	idem.	idem.	
	Ille-et-Vilaine	idem.	idem.	
	Morbihan	idem.	idem.	
14.e	Manche	idem.	idem.	
	Calvados	idem.	idem.	
	Orne	quatre.	huit.	
	Eure	idem.	idem.	
	Seine-Inférieure	cinq.	sept.	
15.e	Creuse	idem.	idem.	
	Indre	idem.	idem.	
	Nièvre	idem.	idem.	
	Haute-Vienne	idem.	idem.	
16.e	Nord	cinq.	sept	
	Pas-de-Calais	idem.	idem.	
	Somme	idem.	idem.	
17.e	Ile de Corse	»	»	En Corse la ration de chauffage est d'un kilog. de bois par homme et par jour, été et hiver indistinctem.t
18.e	Aube	quatre.	huit.	
	Haute-Marne	idem	idem.	
	Yonne	idem.	idem	
	Côte-d'Or	idem.	idem	
	Saône-et-Loire	idem.	idem.	
19.e	Loire	idem.	idem.	
	Cantal	idem.	idem.	
	Puy de Dôme	idem.	idem.	
	Haute-Loire	id. m.	idem.	
20.e	Corrèze	idem.	idem.	
	Lot	idem.	idem.	
	Lot-et-Garonne	idem.	idem.	
	Dordogne	idem.	idem.	
	Charente	idem.	idem.	

ÉTAT N.° 11. — **DEVIS DU HARNACHEMENT.** — Arme des Dragons.

DÉSIGNATION DES EFFETS.	Dragons de 1 à 12.	OBSERVATIONS.
Harnais brut. complet. Selle complète............................	111f 30c	Sauf modification dans la composition du harnachement.
Schabraque................................	31 19	Sauf modification dans les prix des draps.
Couverture d'un kilog. et demi ayant 4 p. 4 p. de longueur sur 4 p. 4 p. de largeur............	9 90	
	152 39	

DEVIS DÉTAILLÉ ET ESTIMATIF DE LA SELLE COMPLÈTE.

DÉSIGNATION DES EFFETS.	Dragons de 1 à 12.	OBSERVATIONS.
CORPS DE SELLE NU. Arçon ferré et deux plaques en fer battu...	10 30	L'arçon en bois de hêtre, est nervé, encuré, ferré et rivé, des coins de la mortaise du milieu à celles des côtés, 3 pouces 8 lig de distance, arçon nu mesuré en dessus.
Faux-siége à 3 bandes, une traverse, treillis, matelassure, toile et clous...........	2 50	Le faux siége doit être fortement tendu; au-dessus du treillis est la matelassure en bourre de veau, recouverte d'une toile.
2 quartiers en cuir fort avec deux porte-fers et tirans en vache...........	13 25	Mesurés transversalement en bas des battes et du troussequin, 19 p. de large; plus grande hauteur à partir du jonc, 13 p. et demi; à partir de la pointe de la batte au bas du quartier, 9 p. et demi; et de la pointe du troussequin, 10 p. Le millésime sera mis sur le quartier-montoir au-dessous de la pointe de la batte.
Garniture de liége et de troussequin en vache	1 80	
Fleuron en cuivre........................	» 15	Est destiné à recevoir le numéro d'ordre de la selle.
Siége ou vache...........................	2 50	
2 panneaux rembourés en paille et crin....	5 50	Demi-livre de crin dans chaque panneau.
2 contre-sanglons en cuir jaune pour le coussinet...........................	» 20	
8 contre-sanglons en cuir de Hongrie.....	2 »»	13 lignes de large et 13 pouces de long, enchapure comprise.
Une fonte de pistolet et un étui de hache, chapelet, courroie et boucleteau..........	9 75	L'étui de hache de dragons ne doit pas être garni d'une poche à cartouche.
SELLE COMPLÈTE. Coussinet rembouré, recouvert en cuir jaune..	2 30	1 quart livre de crin, 7 pouces de long sur 11 de large.
Poitrail en cuir noir, avec ronds de fonte.....	3 »»	Les côtés du poitrail, les œuillets compris, 24 p. de long, la traverse 26 p., et les montans 19 p. de long, 11 lig. de larg. partout.
Croupière en cuir noir avec feutre...........	2 30	Croupière non compris le culeron, 19 p. de long, enchapure comprise, 22 lignes de large; contre-sanglons, 18 p. de long, enchapure comprise, et 18 lignes de large.
2 étrivières en cuir de Hongrie............	3 50	14 ligues de large et 66 p. de long, enchapure comprise.
2 trousse-étriers......................	» 30	
2 étriers en fer verni.................	3 75	
3 courroies de charge en cuir noir, dont 2 avec double boucleteau.................	3 40	11 lignes de large et 42 p. de long, enchapure comprise; celles des côtés ayant chacune un double boucleteau de même largeur, et 12 p. de long, enchapure comprise.
3 idem de manteau en cuir jaune...........	2 40	11 lignes de large et 29 p. de long, enchapure comprise.
1 idem de dragonne en cuir noir...........	» 90	11 lignes de large et 38 p. de long, enchapure comprise.
2 idem de paquetage en cuir noir..........	1 60	11 lignes de large et 32 p. de long, enchapure comprise.
Une lanière de pistolet en cuir de Hongrie.....	» 50	6 ligues de large à l'enchapure, et 50 p. de long, enchapure et bouton compris.
Surfaix de schabraque en cuir noir...........	4 75	2 p. 7 lignes de large et 66 p. de long. Le contre-sanglon 14 lig. de large et 22 p. de long.
Porte—crosse et sa courroie en cuir noir.......	4 »»	
Têtière de bride, avec rênes et fouet en cuir noir, deux fleurons en cuivre, et une gourmette de rechange en fer étamé................	8 20	Rênes et montant 11 lignes de large, frontail 13 lignes, muserolle au milieu 18 lig., les rênes 52 p. de long, enchapure comprise, et le fouet 30 p.
Mors en fer non étamé avec bossettes en cuivre.	7 25	Mors 6 fr., bossettes 1 fr. 25 c.
Filet en cuir noir avec mors en fer étamé.....	3 »»	9 lignes de large; les rênes 80 p. de long, enchapure comprise.
Licol avec longe en cuir noir.............	4 75	La longe 1 p. de large et 72 p. de long. Contre—sanglon même largeur et 8 p. de long.
Bridon d'abreuvoir en cuir de Hongrie.........	4 25	Les rênes 11 ligues de large et 94 p. de long, enchapure comprise; le milieu du dessus de tête 18 lignes de large, et le frontail 10 lignes; rênes 1 fr. 25 c., mors 75 c., têtières 2 fr. 25 c.
	111f 30c	*Nota.* Toutes les boucles sont en fer étamé et à rouleau.

DEVIS *détaillé et estimatif de la Schabraque.*

	MATIÈRES.	COULEURS.	Dragons de 1 à 12.	OBSERVATIONS.
A faire fournir par le ministre.	Draps du fond des schabraques teints en pièce en 119/100.^e	Rouge-garance.	6f 55o	
	Draps pour passe-poils....................	Vert foncé.	» 8o	
	Total de la dépense pour les étoffes à fournir par le ministre.......		7 35	
A acheter par le corps, et façon.	Siége en peau de mouton....................	Blanc.	4 »»	Les siéges doivent être faits avec des peaux dites *d'automne.*
	Treillis écru en 80/100.e pour doublure........	Bis.	3 38	
	Entre-jambes en cuir de vache	Noir.	3 75	
	Pommeau en cuir....................	Noir.	1 »»	
	Galon à cul de dé en poil de chèvre...........	Vert foncé.	5 13	
	Garnitures de pointes en veau..............	Noir.	2 »»	
	Grenades en drap découpé avec n.º dans la bombe.	Rouge.	» 58	Dans le prix fixé sont compris la valeur du drap, la façon et les frais de pose.
	Traverse en cuir sur la croupe..............	Jaune.	» 25	
	Fournitures diverses et façon....................		3 75	
	Total du fonds à faire aux corps pour achats de matières (autres que le drap), et pour façon....................		23 84	

RÉCAPITULATION.

	Dragons de 1 à 12.
Dépenses des étoffes à faire fournir par le ministre....................	7 35
Fonds à faire aux corps pour achats de matières (autres que le drap), et pour façon.	23 84
Prix total d'une schabraque..............	31 19

TABLE DES MATIÈRES.

TARIFS ET TABLEAUX.

FIN.